Antigua Sabiduría Tiempos Modernos

Una introducción a la Filosofía y Práctica del Budismo

Por
Traleg Kyabgon Rimpoché

Ediciones Amara

Título original: *The Essence of Buddhism*
Publicado por cortesía de Shambala Dragon Editions

Publicado en castellano por vez primera en 2015
por Ediciones Amara. Ciutadella de Menorca.

Impreso en España / Printed in Spain

ISBN de la obra: 978-84-95094-51-3
Depósito legal: ME. 28/2015

Este libro está dedicado a

Su Santidad el Dalai Lama

Su Santidad el XVI Karmapa

Y Su Eminencia Drugpa Thugsey Rimpoché

Contenido

Prefacio 7

Agradecimientos 9

1. Fundamentos
Las Cuatro Nobles Verdades y el Noble Óctuple Sendero 11

2. Conducta Ética
Hacer lo que es Verdaderamente Beneficioso 23

3. La Meditación
Cambiar Nuestra Perspectiva Mental 39

4. Karma y Renacimiento
Todo Está Relacionado 49

5. Budismo Mahayana
Ayudar a los Demás es Ayudarse a Uno Mismo 57

6. El Sendero del Bodhisatva
La Meditación y la Acción Van Juntas 65

7. Realizar Sabiduría y Compasión
Bodhichita y las Paramitas 75

8. El Vínculo Entre Sabiduría y Compasión
Paramita de la Meditación y las Nueve Etapas
de Shamatha 85

9. La Meditación Penetrante
Paramita de la Sabiduría y la Escuela Madhyamaka 99

10. El Papel de la Mente
Escuela Yogachara y la Naturaleza de Buda 111

11. El Progreso Espiritual
Los Cinco Caminos y los Diez Estadios
del Bodhisatva 133

12. Budeidad
Los Tres Kayas 163

13. Sutra y Tantra
Los Niveles Tántricos de Realización 181

14. El SupremoYoga Tantra
Convertirse en una Persona Completa 193

15. Los Seis Yogas de Naropa
Ocuparse de las Emociones Aflictivas 199

16 El Mahamudra y la Naturaleza de la Mente
Ir Más Allá de la Dualidad 211

17 Meditación Mahamudra
Dejar que la Mente Descanse en su Estado Natural 221

Prefacio

Podría parecer que no hay necesidad de otro libro introductorio sobre el budismo, dado que hoy en día hay una gran cantidad de libros cualificados en el mercado, lo que no era el caso hace una década. Sin embargo, después de alguna reflexión me convencí de que podría haber sitio para otro libro, uno que introdujera al público en general a un acercamiento del budismo tibetano desde la perspectiva de la escuela kagyu, que es el segundo linaje más antiguo del budismo tibetano. Tengo la sensación de que algunos libros de introducción son o demasiado elementales o demasiado avanzados para que sean accesibles de inmediato a las personas recién llegadas al budismo. Es más, todavía no he visto un libro introductorio práctico que haga comprensibles las enseñanzas sobre los tres vehículos del budismo tibetano a un estudiante totalmente nuevo en el budismo, o incluso a los estudiantes con más experiencia. Como escritor, uno se plantea el dilema de cuánto entrar en detalle. He intentado mantener este difícil equilibrio de modo que el texto no sea ni demasiado superficial ni demasiado denso e inaccesible.

El texto –basado en las enseñanzas que impartí en Australia, Europa y los Estados Unidos– se divide en tres partes, cada una de ellas dedicada a uno de los tres yanas. Los capítulos 1 al 4 introducen al estudiante a los principios básicos de las primeras enseñanzas budistas. Aquí, las enseñanzas sobre Las Cuatro Nobles Verdades, el adiestramiento budista en los preceptos morales, la concentración y la sabiduría, se explican en detalle. El cuarto capítulo está dedicado al karma y el renacimiento, que es una característica principal en las enseñanzas tradicionales del budismo tibetano.

La segunda parte trata de las enseñanzas mahayana del sutra y del tantra. Aquí he explicado las diferentes clases de obstáculos, impedimentos y oscurecimientos que necesitamos superar, los métodos que empleamos para hacerlo y el resultado final de haber utilizado esos antídotos. Esto se presenta desde el punto de vista de las descripciones del sutra y del tantra del camino y las etapas del desarrollo espiritual.

La parte final está dedicada a las enseñanzas y la meditación que es vista como la culminación del sistema de los tres yanas y que parte del punto de vista de la tradición mahayana, que se considera que va más allá del tantra mismo.

Es mi deseo que este libro sea utilizado tanto por los recién llegados como por los budistas más experimentados. En mi mente, si una sola persona se vuelve hacia el Dharma por leer este libro, me sentiré más que sobradamente recompensado.

Agradecimientos

Me gustaría dar las gracias a todos mis estudiantes a los que he tenido la oportunidad de dar conferencias y tratar los temas que se abordan en este libro. Siempre encuentro que enseñar es el mejor modo de aprender el Dharma. Enseñar el Budadharma es tan bueno y provechoso como lo es recibir las enseñanzas de un maestro vivo. Cualquier cosa que conozco sobre el budismo la he aprendido de Khenpo Sodar y Khenpo Noryang del Monasterio de Sangngag Choling en Darjeeling, en la India. Me gustaría dar las gracias a Deirdre Collings y Vyvyan Cayley por su ayuda en la preparación de este libro. También quisiera agradecer a Samuel Bercholz por su inspiración y ánimos y a Kendra Crossen Burroughs por su excelente trabajo editorial. Y me gustaría agradecer a Shambhala Publications por permitir que este libro vea la luz del día.

Fundamentos

Las Cuatro Nobles Verdades y El Noble Óctuple Sendero

En este libro vamos a examinar varios aspectos de la tradición budista y, en particular, cómo se desarrolló el budismo como filosofía. De este modo podemos tener una idea del budismo en conjunto, porque el tipo de budismo practicado por los tibetanos no se basa como tal en una escuela particular del budismo, más bien trata de incorporar una variedad de prácticas y pensamientos filosóficos de muchas tradiciones diferentes. Esto se conoce como la perspectiva de los "tres yanas" del budismo. "Yana" (sánscrito) es el vehículo espiritual que transporta al individuo desde la condición samsárica a la liberación del nirvana.

Así, aunque los tibetanos puedan enfatizar en ciertos aspectos de las enseñanzas mahayana, no significa que no practiquen cualquier aspecto de la tradición theravada, tal como se encuentra en Tailandia, Sri Lanka y otros países. Algunas personas sienten que el budismo tibetano no está vinculado o asociado con el budismo que se practica en esos países. Pero el budismo tibetano contiene elementos en la enseñanza que podemos encontrar en cualquier parte del mundo, –por ejemplo, incluso podemos encontrar elementos de la tradición zen en el budismo tibetano.

El Despertar del Buda

El budismo fue fundado por el Buda hace unos dos mil quinientos años. Lo que sabemos del Buda es que afirmaba haber visto la realidad de las cosas y haber obtenido una enorme comprensión de la naturaleza de la condición humana. No decía ser una encarnación de algún ser elevado ni tampoco ser alguna clase de mensajero. Tampoco dijo que era un intermediario entre alguna clase de realidad más elevada y los seres humanos. Dijo que era un ser humano ordinario que se implicó en la práctica de la meditación y fue capaz de purificar su propia mente, de manera que esa comprensión nació en él permitiéndole ver las cosas tal y como son. Buda dijo también que esta capacidad podía ser desarrollada por cualquiera.

En los tiempos del Buda algunas personas decían que solo aquellos de cierto rango social que estaban avalados por un ser divino tenían la capacidad de aspirar a objetivos religiosos elevados, mientras que otros seres "inferiores" no tenían esa capacidad. Otros decían que los hombres podían desarrollarse espiritualmente pero que las mujeres carecían de dicha capacidad. El Buda dijo que esa aptitud para el desarrollo en el sentido espiritual no tenía nada que ver con nuestro bagaje social, cultural o espiritual, ni siquiera con el sexo, sino que está disponible para todo aquel que emplee el tiempo y haga el esfuerzo para desarrollar la comprensión. Por este motivo el Buda es conocido como El Iluminado, porque obtener esa comprensión de la naturaleza de las cosas es estar iluminado, y esto es lo mismo que la iluminación. La palabra "buda" significa literalmente "despierto".

Como seres humanos ordinarios no estamos plenamente despiertos porque nuestros pensamientos y comportamiento están condicionados por la ignorancia, la confusión, la malinterpretación y carecen de comprensión. Cuando la mente es purificada de todos esos engaños y agentes contaminantes (también conocidos como "oscurecimientos") y la conciencia se torna pura y consciente, entonces uno es capaz de realizar la naturaleza de las cosas, y esto es lo mismo que el logro de la budeidad.

Debemos recordar que el Buda dio estas enseñanzas dentro del contexto de la tradición india. Refutó las dos tradiciones principales de la India. Una es la enseñanza que procede de los Upanishads, que enfatiza la importancia de realizar la naturaleza del propio yo como siendo idéntica con la realidad del mundo. La esencia del mundo es percibida como brahman; el absoluto, y esto es idéntico a la naturaleza pura del propio yo, que es el atman. De este modo, el objetivo de un practicante religioso es realizar la identidad del propio yo más elevado y de la realidad del mundo. El Buda refutó esto como siendo una posición extrema, y lo denominó el eternalismo o la posición absolutista.

También refutó otra posición extrema basada en el materialismo. Los seguidores de este extremo, llamados Ajivikas o Lokayatas, rechazaban la existencia de la conciencia y la responsabilidad moral, porque creían que estamos hechos a partir de cinco elementos que se disolvían en el momento de la muerte, sin dejar rastro. No hay conciencia que persista después de la muerte, y dado que no hay conciencia no podemos hablar de moralidad o de algo de la misma esencia puesto que eso son convenciones sociales. El Buda llamó a estas personas nihilistas.

Dijo que los seguidores de los Upanishads, los absolutistas, solidificaban en exceso la realidad, postulando la existencia de cosas de distinta índole que, de hecho, no tenían existencia. El Buda dijo que no hay esencia o realidad que se pueda encontrar ni en el mundo ni en la naturaleza del yo; estas son construcciones metafísicas, ficciones creadas por la mente humana pero no disponibles a la experiencia humana.

Al mismo tiempo, los nihilistas devaluaban la realidad rechazando la existencia de la conciencia y demás. Así que el Buda enseñó lo que llamamos la visión media. En términos de práctica se conoce como el Camino Medio. El Buda se dio cuenta de que muchas personas también estaban muy relajadas en su moralidad, siendo permisivas en exceso en la gratificación de los sentidos, o implicadas en prácticas ascéticas extremas como la automortificación. Según el Buda ambos métodos son inapropiados para realizar la naturaleza de la realidad. El mismo se implicó en prácticas ascéticas durante algún tiempo pero las encontró deficientes. Sin embargo enfatizó la importancia del control y la moderación para no caer en el extremo de la indulgencia excesiva.

Las Cuatro Nobles Verdades

La Verdad del Sufrimiento

Esta enseñanza se halla en las Cuatro Nobles Verdades, en la que el Buda subraya cómo cultivar la visión del Camino Medio y cómo practicarlo. La primera de estas nobles verdades es el sufrimiento, que es la traducción habitual de la palabra sánscrita *duhkha* (en pali, *duhkha*). Debemos aclarar esta traducción diciendo que esto no significa que el Buda desconociera la existencia de la felicidad y la satisfacción en la vida. Lo que quería dar a entender es que hay felicidad y también aflicción en el mundo. Pero la razón por la que se dice que todo lo que experimentamos en nuestra vida diaria es duhkha es que incluso cuando tenemos alguna clase de felicidad ésta no es permanente, está sujeta al cambio. Así que, a menos que podamos comprender mejor esa verdad y comprender lo que realmente puede aportarnos felicidad y lo que es incapaz de hacerlo, la experiencia de la insatisfacción perdurará.

Normalmente creemos que nuestra felicidad depende de nuestras circunstancias y situaciones externas en lugar de nuestra actitud interior hacia las cosas o hacia la vida en general. El Buda decía que la insatisfacción es parte de la vida, incluso si buscamos la felicidad o incluso si nos las arreglamos para tener felicidad temporal. El mismo hecho de que sea temporal significa que más tarde o más temprano nuestra felicidad va a pasar. Por lo tanto, el Buda decía que a menos que comprendamos esto y veamos cuan profunda es la insatisfacción o duhkha, es imposible para nosotros empezar a buscar la felicidad real.

Según el Buda, incluso cuando pensamos que estamos intentando encontrar la felicidad verdadera no lo estamos haciendo de un modo efectivo, porque no tenemos la actitud correcta y no sabemos dónde buscarla. El Buda no estaba en contra de la felicidad, por el contrario nos dio un método para encontrar cómo superar esa sensación de insatisfacción, y este método es parte de la última Noble Verdad. Llegaremos a ello en unas cuantas páginas.

La clave para comprender la verdad del sufrimiento es lo que el Buda llamó "las tres marcas" de todo lo que existe. Todos los fenómenos condicionados*, dijo, están constituidos por estas tres marcas: Impermanencia (anitya), insatisfacción o sufrimiento (duhkha), e insustancialidad (anatman o "sin esencia sustancial"). Según el Buda, si no entendemos cómo los fenómenos condicionados están marcados por esos tres aspectos, entonces no seremos capaces de comprender la primera Noble Verdad. Podemos hacer todo cuanto podamos para evitar enfrentarnos al hecho de que todo es eventual y transitorio –podemos tratar de escondernos de ello y podemos darle vueltas a toda clase de teorías metafísicas referentes a una realidad que no cambia, permanente y sustancial para evitar esta naturaleza efímera que lo impregna todo. También, si no entendemos que todo fenómeno condicionado es insatisfactorio no pensaremos en apartarnos de la indulgencia excesiva por las gratificaciones sensoriales, las cuales nos hacen perder el centro y nos dejan sumidos en los asuntos mundanos, de tal manera que nuestras vidas son gobernadas por la avaricia, la avidez y el aferramiento. Todo esto perturba la mente. Si no comprendemos que todo es insustancial –anatman– entonces podemos creer que hay una especie de esencia permanente o sustancia en las cosas o en la personalidad y en base a esta creencia generar engaños y confusión en la mente.

El Origen del Sufrimiento

La segunda Noble Verdad es el origen del sufrimiento, que quiere decir que, una vez que se ha realizado que el sufrimiento y la insatisfacción existen, seguidamente tenemos que encontrar de dónde procede ese sufrimiento: ¿Se origina en el interior o proviene de algún tipo de situación o condición externa? El Buda dijo que cuando empecemos a examinarnos y veamos cómo respondemos ante las situaciones, cómo actuamos en el mundo, cómo nos sentimos ante las cosas, entonces comprenderemos que la causa del sufrimiento es interna. Esto no quiere decir que las condiciones sociales o económicas no provoquen sufrimiento, sino que el principal sufrimiento que nos aflige es creado por nuestra propia mente y nuestra actitud.

El Buda dijo que si queremos superar la insatisfacción –que está íntimamente ligada a nuestra experiencia de sufrimiento– entonces tenemos que lidiar con el ansia, el aferramiento y el apego, –todas esas formas exageradas del deseo. Ahora, algunas personas piensan que el budismo promueve la idea de la eliminación completa del deseo, pero esto no es lo que dijo el Buda. Él dijo que deberíamos intentar superar todas las formas excesivas y exageradas del deseo que se manifiestan como apego, aferramiento y demás, porque empeoran nuestra condición al incrementar nuestra sensación de insatisfacción y descontento. Estas son las clases más obsesivas de deseo a las que se refería el Buda que deberíamos tratar de superar. Mientras tengamos esas clases obsesivas de deseo, irán siempre acompañadas por la aversión, el odio, el resentimiento y demás, porque, cuando no podemos obtener lo que deseamos, nos sentimos frustrados, enfadados y resentidos. O, si encontramos algunos obstáculos en el camino de satisfacer nuestro deseo, queremos eliminarlos, erradicarlos o atacarlos. Podemos incluso recurrir a la violencia y el engaño para satisfacer nuestra codicia y avidez. Por lo tanto el Buda dijo que necesitamos trabajar con esas formas extremas de deseo, pero no deberíamos aspirar a eliminar el deseo por completo, porque también podemos utilizar el deseo de manera positiva.

El Objetivo: La Cesación del Sufrimiento

La tercera Noble Verdad es el objetivo. Primero investigamos sobre la condición humana, cómo está impregnada de un sentimiento de insatisfacción, a continuación buscamos la causa de dicha insatisfacción y después miramos hacia el objetivo, que es el logro del nirvana. Algunas personas piensan que el nirvana es una especie de realidad absoluta que es trascendente y de otro mundo. Pero el Buda dijo que se puede alcanzar el nirvana mientras se está viviendo en este mundo. Esto se denomina "el nirvana con residuos". Uno puede lograr el nirvana en el momento de la muerte, que es denominado "el nirvana sin residuos". Así pues, es posible lograr el nirvana en este mismo espacio de vida. Alcanzar el nirvana significa que la mente ya no vuelve a estar afectada por el engaño y las emociones aflictivas. La mente se vuelve tranquila y la propia experiencia de felicidad ya no depende de las situaciones externas ni circunstancias, por lo que la reacción ante las cosas es menos extrema y uno puede mantener un sentimiento de tranquilidad y de paz, incluso cuando nos enfrentamos con circunstancias adversas.

Esto es así porque quien ha alcanzado el nirvana ha superado los tres engaños raíz del apego, la aversión y la ignorancia. Cuando la mente ya no está gobernada por fuertes reacciones emocionales de atracción o aversión, podemos permanecer tranquilos y en paz incluso cuando las cosas no van bien. Mantenemos un sentimiento de fortaleza y afrontamos las cosas con valentía.

Comprendiendo cuál es el objetivo –lograr una felicidad permanente que no esté basada en las fluctuantes situaciones externas– tenemos que descubrir qué hacer para lograr ese objetivo. Esto es lo que explica la cuarta Noble Verdad. La cuarta Noble Verdad es el camino, y esta es la esencia de la práctica budista. Conocido como el Noble Óctuple Sendero, está dirigido a desarrollar tres cosas en un individuo: Sensibilidad moral, meditación –o la mente concentrada–, y sabiduría. Mediante la práctica de la sensibilidad moral nos volvemos mejores individuos, capaces de superar nuestras tendencias egoístas. Nos volvemos más compasivos y más sensibles ante las necesidades de los demás. A través de la práctica de la meditación nuestra mente se vuelve más centrada, más flexible, y más consciente, lo que, a su vez, da lugar a la sabiduría.

El Noble Óctuple Sendero consiste en Recta Comprensión, Recto Pensamiento, Recta Palabra, Recta Acción, Recto Modo de Vida, Recto Esfuerzo, Recta Atención y Recta Concentración. Las dos primeras de la Recta Comprensión y Recto Pensamiento, corresponden al desarrollo de la sabiduría. Recta Palabra, Recta Acción y Recto Modo de Vida, desarrollan nuestras sensibilidades morales. Las tres últimas, –Recto Esfuerzo, Recta Atención y Recta Concentración– fomentan nuestra capacidad de meditación.

La Recta Comprensión quiere decir comprender la visión budista que, como hemos visto, es la visión media entre el eternalismo y el nihilismo. Como dijo el Buda, comprender cómo surge el mundo en base a causas y condiciones hace posible que no caigamos en el extremo del nihilismo. El otro aspecto de la visión media es comprender cómo todo cesa cuando las causas y condiciones cesan. Por consiguiente no caeremos en el extremo de la visión de la sustancialidad, esencialismo o eternalismo porque comprendemos que, aunque las cosas se creen en base a causas y condiciones, nada que exista en el plano físico o mental permanece cuando esas causas y condiciones ya no están presentes.

El Recto Pensamiento está asociado con ver cómo nuestros pensamientos y emociones están estrechamente vinculados y cómo permitirse formas negativas de pensamiento nos lleva a desarrollar emociones negativas como la ira y los celos. Por el contrario, pensar de modo positivo tiene un efecto en nuestras emociones por el que empezamos a ser más amables, afectuosos y más sensibles hacia los demás.

La Recta Palabra quiere decir que si no somos conscientes –tal y como no lo somos normalmente– entonces no podemos saber lo que estamos haciendo o diciendo. Sin darnos cuenta nos entregamos a toda clase de formas negativas de la palabra como mentir, las palabras que dañan, la charla vana y el cotilleo. Es importante volver a ser conscientes de nuestra palabra porque lo que decimos y cómo lo decimos tiene una influencia directa en la persona que seremos. Si estamos siempre usando palabras duras entonces, de modo natural, nos volvemos muy agresivos.

La Recta Acción está relacionada con ver cómo lo que hacemos beneficia o daña a nosotros mismos y a los demás. Esto implica el desarrollo de habilidades respecto al modo en que actuamos en el mundo. En lugar de pensar que nosotros ya sabemos lo que es correcto e incorrecto hacer, como si estuviera muy claro, es importante observar de cerca el modo en que actuamos. No deberíamos simplemente basarnos en ciertas reglas preestablecidas o en normas sociales; por el contrario deberíamos ver cómo actuamos a título individual en el mundo y que los efectos de nuestras acciones recaen sobre nosotros mismos, el entorno y las demás personas.

En lo que respecta al Recto Modo de Vida, el Buda dijo que no hay nada de malo en hacer dinero o en cuidar de nuestra familia, pero deberíamos saber cómo llevar un modo de vida que no dañe a los demás o a nosotros mismos. Por ejemplo, no deberíamos implicarnos en una profesión que implique la crueldad hacia los animales o los seres humanos, u otra que nos obligue a utilizar el embaucamiento o produzca dolor físico o mental a los demás. Si estas cosas van implícitas entonces deberíamos abandonar ese medio de vida.

El Recto Esfuerzo tiene cuatro aspectos. El primer esfuerzo tiene que ver con la prevención: esforzarse en la meditación para asegurarse que uno no cae ante los pensamientos malsanos y las emociones e intentar evitar que éstos surjan en la mente. Los pensamientos malsanos se originan en el apego, la aversión y la ignorancia. El segundo esfuerzo es reducir los pensamientos y emociones insanos que ya han surgido en la mente. El tercero es desarrollar los pensamientos y emociones saludables, y esto también se hace en meditación. Incluso si no están presentes todavía, deberíamos esforzarnos por hacerlos surgir. El cuarto esfuerzo es cultivar aquellos pensamientos y emociones saludables que ya han surgido en la mente.

La Recta Atención está asociada con volvernos más atentos hacia nuestros pensamientos, emociones, sentimientos, habla y comportamiento en meditación. Nos volvemos más conscientes de cualquier cosa que experimentemos y estamos más atentos a ello, de tal modo que vamos adquiriendo una comprensión mayor acerca de los mecanismos de la mente y de cómo nuestra mente influye en nuestras acciones de la vida diaria.

La Recta Concentración también se desarrolla a través de la meditación. La mente se vuelve más enfocada y menos distraída, incluso si oímos, vemos o pensamos en algo la mente no se distrae y por el contrario es capaz de mantener un estado de concentración.

Este es el Noble Óctuple Sendero, que dirige al individuo desde esta condición del samsara[1]al logro del nirvana o la

1 Samsara (Skt) es la existencia cíclica, en la que –debido a la corrupta in-

iluminación. Como podemos ver, las Cuatro Nobles Verdades son tanto descriptivas como prescriptivas. Describen la condición en la que estamos –qué clase de condiciones son predominantes y cuáles son los problemas. También prescriben en orden de mejorar nuestra situación, vencer nuestro sentimiento de insatisfacción y lograr la iluminación mediante el Noble Óctuple Sendero y su adiestramiento en la moralidad, meditación y sabiduría.

Como ya he dicho, las Cuatro Nobles Verdades son la esencia de todas las enseñanzas del Buda. Sin comprenderlas no podemos proseguir. Todas las interpretaciones posteriores de las enseñanzas originales del Buda están basadas en las Cuatro Nobles Verdades. Puede haber diferentes modos de entender cómo debemos adiestrarnos en la meditación, sabiduría o moralidad, pero no existe desacuerdo en la importancia de comprender las Cuatro Nobles Verdades. Todas las demás prácticas están basadas o elaboran estas enseñanzas fundamentales del budismo.

---

fluencia de los engaños mentales del odio, deseo e ignorancia– las criaturas sintientes son obligados a vagar de una vida a otra sin descanso hasta que encuentran el sendero espiritual.

Conducta Ética

Hacer Lo Que Es Verdaderamente Beneficioso

Desde el punto de vista budista, la aspiración última de un practicante espiritual es lograr la autorrealización o el autoconocimiento, para alcanzar todo su potencial. Esto equivale a la budeidad o la iluminación. Así que para un budista es muy importante comprender la condición inmediata en la que estamos y las experiencias que tenemos. Cuando miramos a nuestro alrededor, vemos que los seres experimentan mucho sufrimiento en una gran variedad de formas.

No tenemos que mirar muy lejos para encontrar sufrimiento. Cada vez que ponemos la televisión vemos sufrimiento: En Oriente Medio, en Asia, en África y en América. El sufrimiento es algo endémico a la condición humana. Pero cuando hablamos de sufrimientos en términos budistas no nos estamos refiriendo simplemente al sufrimiento con el que podemos identificarnos y que podemos etiquetar como sufrimiento real. Este tipo de sufrimiento es obvio, como las atrocidades o la opresión, regímenes represivos que torturan a gente inocente y demás. Cuando los budistas hablan de sufrimiento hacen referencia a otras clases de sufrimiento también –experiencias que pensamos que no son sufrimiento en absoluto sino felicidad, el objetivo último hacia el que debemos dirigir nuestros esfuerzos. Cuando hablamos de *duhkha* nos estamos refiriendo a una sensación de insatisfacción que abarca todo el rango de experiencias humanas.

Tres Clases de Sufrimiento

Desde el punto de vista budista, el sufrimiento se puede

experimentar en tres niveles diferentes. El primero es el sufrimiento del dolor (*duhkha-duhkhata)*. Esta es la clase de sufrimiento obvio de la guerra, el hambre, la opresión política, la injusticia y demás.

Después está el sufrimiento del cambio (*viparinama-duhkhata*). Este es el tipo de sufrimiento en el que normalmente no pensamos como en un sufrimiento real. Podrías pensar: "Bueno, en el trabajo últimamente he padecido mucho estrés, pero me tomaré unas vacaciones y lo pasaré bien, y entonces seré realmente feliz". Después llegas y podrías discutir con tu pareja, o podrías tener muchos problemas con las reservas de los vuelos; o al llegar se puede haber perdido tu equipaje y no puedes recuperarlo. Te pueden suceder toda clase de situaciones que no habías previsto, de modo que lo que es inicialmente placer puede volverse una forma de sufrimiento. Este es el sufrimiento del cambio.

La última forma de sufrimiento es conocida como el sufrimiento de la existencia condicionada (*samsara-duhkhata*), que quiere decir que por el mero hecho de ser humano o una criatura viva, somos un producto de causas y condiciones. Cuando nacemos experimentamos el trauma del nacimiento; cuando crecemos experimentamos toda clase de problemas asociados con la adolescencia; después, tenemos los problemas que conlleva la edad adulta y finalmente con la vejez, con el debilitamiento del cuerpo. Así que experimentamos sufrimiento, dolor y enfermedad y un día morimos y ese es el final de la historia. Esta es la condición humana, esto es a lo que nos enfrentamos.

Algunos comentaristas occidentales del budismo han dicho que el budismo es pesimista porque se concentra demasiado en el sufrimiento. Pero en realidad no es pesimista, es realista. La verdad del sufrimiento no nos hace sentirnos necesariamente pesimistas o desesperanzados. Hay una manera en que podemos tratar de entenderlo. Tenemos que ser capaces de mirar de frente las experiencias y situaciones desagradables, la realidad de las cosas, los hechos como son.

Este es el principal empeño del budismo, porque si no somos capaces de hacerlo, tendremos esa tentación de pensar que, lo que no es realmente la fuente de la felicidad, es lo único que va a proporcionarnos felicidad. (Voy a tratar de explicar esto brevemente).

Así que en primer lugar cuando comprendemos que hay sufrimiento en el mundo debemos identificar correctamente la fuente de ese sufrimiento. El sufrimiento viene del interior, de la mente. Esto es extremadamente importante, porque toda clase de personas han intentado entender cuál es la verdadera causa del sufrimiento. Algunos dicen que es debido a nuestro pecado, otros porque nos hemos distanciado de Dios o porque hemos desobedecido a Dios. Y otros dicen que es debido a nuestras estructuras sociales, nuestro sistema económico, la represión de los instintos sexuales, los traumas de la infancia o la alienación.

Desde el punto de vista del budismo estas son sólo condiciones secundarias de nuestro sufrimiento más que la causa real, que es la ignorancia: no saber qué es beneficioso y qué no lo es; no saber lo que realmente nos producirá felicidad y lo que incrementará nuestra infelicidad y sufrimiento. Carecer de conocimiento, carecer de visión. Esta es la verdadera causa.

Así que tenemos que mirar al interior. Eso no quiere decir que debamos ignorar la injusticia y la represión que hay en el mundo, pero deberíamos ver esas cosas como un reflejo de nosotros mismos y de lo que está sucediendo en nuestras propias mentes. Lo que sucede en el mundo externo son reflejos de lo que está pasando en las mentes individuales de los seres humanos. Podemos culpar a una gran empresa de ser ambiciosa, de explotar a algún país del Tercer Mundo y demás, pero eso puede no ser diferente de la gente en los pequeños negocios que hacen exactamente lo mismo con sus empleados.

En los países del Tercer Mundo la gente puede mirar

a los países del así llamado Primer Mundo con un sentimiento de envidia u hostilidad, e incluso con cierta clase de respeto; una mezcla de sentimientos. De modo similar, podemos mirar a la gente que ha tenido éxito, que son millonarios, y tener sentimientos de envidia y también sentir cierto respeto porque ellos han logrado algo que nosotros no tenemos. Es muy fácil proyectar todas estas cosas sobre los demás y pensar que lo que es erróneo es que la sociedad no está funcionando bien o que las grandes empresas están haciendo cosas terribles. En este modo de pensar siempre hay alguien a quien echarle la culpa, sin mirar cómo se ha producido la situación en primer lugar.

Las sociedades y las grandes corporaciones no son entidades amorfas, sino que están hechas de un compendio de individuos iguales a nosotros. Así que para el budismo no es Dios quien ha creado el mundo sino nuestra propia mente. La mente es la única responsable de todas nuestras experiencias: gozo, felicidad, dolor, sufrimiento. Esto no se aplica sólo en términos de lo que experimentamos; la mente también fabrica el mundo en el que vivimos. El mundo en el que vivimos también es creado por nuestra mente.

Por lo tanto, es muy importante como budista entender cómo funciona la mente y esta es la razón por la que es tan importante la práctica de la meditación para los budistas. No tiene nada que ver con crear una realidad más grande o alguna clase de realidad espiritual que sea independiente de nuestra mente. La práctica de la meditación tiene que ver con una mayor comprensión de nosotros mismos. La mayor parte de nuestros problemas se deben a que no nos comprendemos a nosotros mismos, no tenemos un autoconocimiento, no hemos penetrado en nosotros mismos. Esto se debe a la ignorancia, que se conoce como *avidya* en sánscrito. Para saber cómo funciona la mente debemos saber qué clase de cosas fomentan nuestra felicidad y qué clase de cosas incrementan nuestro dolor y sufrimiento.

La Búsqueda de la Felicidad

Normalmente pensamos que hacer esto, aquello, o lo otro nos traerá felicidad. Pensamos: "Cuando sea aceptado por mis amigos, cuando les guste, entonces seré feliz; Si me caso y tengo hijos y una amorosa pareja que cuide de mí, seré tan feliz; Si no tuviera que trabajar tan duro y tuviera mucho dinero, sería tan feliz".

Esta línea de pensamientos es interminable. Si eres bajo, entonces piensas que si fueras alto serías muy feliz; o que si fueras delgado serías feliz. Si tienes la nariz larga piensas que una nariz pequeña sería algo maravilloso, o si eres calvo piensas que deberías tener pelo. Estas creencias tienen un elemento de verdad en sí mismas. El budismo estaría de acuerdo con que si estás más saludable por supuesto podrías ser más feliz. Si tuvieras una familia que te apoya serías más feliz.

Pero el problema es que esas cosas sólo producen felicidad temporal, no felicidad última. Como budistas nuestra meta no debería ser sólo lograr la felicidad temporal. Los budistas no dicen para nada que esto no sea felicidad o que, sin importar lo que hagas, todo es sufrimiento, sufrimiento y más sufrimiento. Pero deberíamos tener una perspectiva adecuada de nuestra vida, me refiero a que tratemos de alcanzar la felicidad última.

Cuando nos basamos en la felicidad temporal, estamos invirtiendo demasiado en algo que está lleno de incertidumbres. Si nos apoyamos demasiado en nuestro trabajo, podemos pasar veinte años trabajando para una empresa en particular, y ponemos tanto empeño en ello que la percepción que tenemos de nosotros mismos está modelada completamente por el trabajo que desempeñamos para esa compañía y por la clase de adquisiciones que somos capaces de hacer como resultado de nuestro trabajo. Entonces un día somos despedidos y de repente toda nuestra realidad se viene abajo y tenemos ganas de suicidarnos. Esto les ocurre a algunas personas.

El budismo dice que deberíamos poner nuestras prioridades en orden. Para lograr felicidad, debemos tener paz interior. De verdad, la felicidad última no se consigue de una fuente externa. Esto no significa que no podamos tener felicidad basada en circunstancias y situaciones externas, pero la auténtica, la felicidad última debe surgir desde el interior. Cuando nos volvemos demasiado dependientes de las circunstancias y situaciones externas nos perdemos a nosotros mismos en ellas. En lugar de consolidar nuestra identidad, en lugar de encontrarnos, en realidad, nos perdemos a nosotros mismos. Todos sabemos esto. Conocemos a alguna persona que ha estado en el mundo del trabajo durante muchos, muchos años y que de repente piensa: "Espera un momento. ¿Qué he estado haciendo? No he estado haciendo nada con mi vida". O personas que han estado criando a los hijos durante veinte, treinta años, siempre haciendo cosas por la familia, por los hijos. De repente la madre podría decir: "Oh, mira, no he estado haciendo nada para encontrar quién soy, lo que es ser yo misma". Podemos llegar a estar completamente perdidos en lugar de encontrarnos a nosotros mismos. Normalmente nuestra identidad está casi exclusivamente condicionada por el tipo de credenciales que tenemos, con la escuela a la que hemos ido, la clase de educación que tuvimos, con los títulos que tenemos, el tipo de familia que tenemos, el barrio en el que vivimos, el coche que conducimos. El budismo dice que no deberíamos basarnos demasiado en esas cosas, porque el coche puede cambiar de dueño, los liquidadores podrían llegar y quitarte tu empresa. Todo puede ocurrir. Tu esposa podría tener un amante, ¿quién sabe? Por supuesto debemos aspirar hacia la excelencia en los negocios y el matrimonio y demás, pero deberíamos mantener las cosas en perspectiva y no esperar más de lo que nos pueden dar.

Comprendiendo esto, podemos pasar a considerar el sendero budista como una herramienta para resolver estos problemas. Como hemos visto, el Noble Óctuple Sendero consiste en el adiestramiento en la moralidad (shila), la meditación (samadhi) y sabiduría (prajña). Estos adiestramientos nos capacitan para cambiar nuestro comportamiento así como nuestro modo de pensar y de experimentar. Concentrémonos ahora en el adiestramiento en la moralidad o *shila.*

Adiestramiento en la Moralidad (Shila)

Cuando hablamos de moralidad normalmente pensamos en términos de deber u obligación, pero la moralidad budista se refiere básicamente a lo que es beneficioso (*kusala)* contra lo que es perjudicial *(akusala).* Deberíamos juzgar nuestras acciones en base a si nos están beneficiando a nosotros y a los demás o si nos están perjudicando a nosotros y a los demás. En este sentido, la moralidad budista se basa en la experiencia humana. No hace referencia a un ser sobrenatural. No tenemos que tener un concepto de una deidad o un dios para tener un concepto de la moralidad o para apreciar la importancia de la moralidad.

Algunas personas piensan que si no creemos en Dios entonces todo está permitido, y luego, por otro lado, hay personas que dicen que Dios tiene su propia ley, diferente a la de los seres humanos. La ley o moralidad de los humanos no tiene relevancia cuando topa con lo que quiere hacer Dios, en cuyo caso esta ley humana y la moralidad se vuelven arbitrarias. Estos debates filosóficos se remontan hasta Platón, quien preguntaba: "¿Es algo bueno porque Dios ha dicho que es bueno o es bueno independientemente de Dios?" Si es bueno independientemente de Dios, entonces no tiene nada que ver con Dios; pero si es bueno sólo porque Dios la ha dicho, entonces significa que es totalmente arbitrario.

Según el budismo, una acción es buena porque es buena en sí misma, no porque Dios haya decretado que debe ser así. Mi posición aquí, es que la moralidad budista no se apoya en base teológica alguna. Si una acción es buena o mala viene determinado por un criterio moral únicamente, no teológico, y no hay necesidad de justificaciones teológicas.

Para el budista una acción es moralmente errónea precisamente porque produce sufrimiento a otras personas o a un gran número de seres sintientes. En este sentido, llevar una vida moral no es como ser una persona obediente o conformista con una norma o ley preestablecida. El Buda dijo que la moralidad debería ser vista como una experiencia liberadora. En lugar de ser una fuerza que constriñe y que exige: "Usted debe hacer esto" "Usted no debe hacer aquello", la moralidad es una influencia liberadora porque puede aumentar nuestro bienestar.

Freud, que creció en la tradición judía, pensaba que el conflicto entre la identidad y el superego se producía porque la identidad quería hacer cosas obscenas y el superego decía: "No, no puedes". Nosotros no pensamos así. En lugar de crear más conflictos entre lo que queremos hacer y lo que nos está permitido hacer, descubrimos que lo que *deberíamos* hacer se convierte en lo que *queremos* hacer.

El Buda dijo que shila es como una brisa fresca que sopla a mediodía o por la tarde en el verano en la India. Esa brisa fresca debe ser muy refrescante. Dijo que cuando empezamos a practicar la moralidad de este modo, nos damos cuenta de que toda nuestra agitación mental, todo nuestro resentimiento, hostilidad y amargura empiezan a disminuir. En lugar de aumentar nuestra agitación mental pensando: "Yo estoy del lado del bien y tú estás del lado del mal. Así pues, luchemos", empezamos a ser más abiertos y más comprensivos hacia las personas de diferentes culturas y bagajes. Cuando miramos la vida no en términos de lo que es correcto e incorrecto sino en términos de lo que es beneficioso y lo que no lo es, entonces podemos tener una experiencia diferente de la moralidad.

Un punto muy importante también es que, hacer lo que es "correcto" no siempre es beneficioso, y que hacer lo que es "incorrecto" no siempre es perjudicial. La moralidad budista no es un mundo moral autoimpuesto. Es algo abierto, y tenemos que basarnos en nuestro propio juicio la mayoría de las veces en términos de lo que es beneficioso o lo que es perjudicial. Careciendo de sabiduría como en nuestro caso, es muy difícil prever las consecuencias de nuestras acciones. Pero el otro componente de la moralidad es la motivación. Si hacemos algo con una intención pura entonces, aunque debido a la ausencia de sabiduría nuestra acción puede tornarse perjudicial en lugar de ser beneficiosa, dicho acto no es moralmente censurable.

Con este trasfondo de la moralidad budista en la mente podemos observar ahora las directrices morales que el Buda proporcionó a sus seguidores. ¿Qué acciones deberíamos evitar y qué acciones deberíamos adoptar con el propósito de ayudar a los demás y a nosotros mismos?

Las Seis Acciones Transcendentales (Paramitas)

Primero miramos hacia dónde pensaba el Buda que deberíamos orientarnos. Estas acciones se denominan *paramitas* (en tibetano *pharol tu chimpa*) o "acciones trascendentales". Las seis paramitas son lo más conocido del budismo mahayana, y volveremos a ello más tarde. Sin embargo, en el budismo original también se hablaba de las seis paramitas. Estas acciones trascendentales no van dirigidas a incrementar nuestros engaños u oscurecimientos, o a aumentar nuestros conflictos o confusiones conceptuales; son acciones que nos ayudan a mitigar esas mismas cosas.

La primera es dar. Además de dar cosas materiales a los necesitados, también implica el trabajo social, proveer de recursos y otros actos de caridad. En los países budistas también se intenta liberar animales cautivos, devolver los peces al mar o comprar pájaros cautivos para devolverlos a la libertad como un modo de devolverles su vida. Esto es considerado una práctica muy importante. Los efectos de dar son importantes no sólo para quien los recibe sino también para quien da. Cuando aprendemos a dar nos volvemos menos apegados y menos dependientes de nuestras posesiones. Así es como podemos volvernos menos ambiciosos y apegados.

La segunda práctica es la conducta. Conducta significa que asumimos la responsabilidad de nuestras propias acciones. Tan pronto como algo va mal, en lugar de pensar que somos víctimas de las circunstancias, del trato de la familia, deberíamos asumir toda la responsabilidad de nuestras acciones. De hecho, cuando asumimos toda la responsabilidad de nuestras acciones, nos volvemos una persona completa y empezamos a sentirnos libres porque, ¿cómo podríamos ser responsables de algo si no tenemos elección?

La tercera paramita es el control o moderación. Esto significa que no deberíamos excedernos en nuestras indulgencias o en nuestra persecución del placer. Deberíamos ser conscientes de nosotros mismos, de manera que no nos volvamos adictos a cualquier cosa que nos proporcione placer y tendríamos que ser capaces de distinguir entre nuestras necesidades y nuestros deseos. No deberíamos ir de compras por el placer de comprar, comprar todas esas ropas que nunca llegaremos a llevar, o comprar toda clase de aparatos que nunca llegaremos a usar, para terminar teniendo deudas. Por supuesto esto no significa que debiéramos ir por ahí con harapos o que no tengamos conciencia de lo que es ir a la moda o vestir correctamente.

La cuarta práctica es la sabiduría. Cultivar la sabiduría implica comprender la impermanencia, darse cuenta de que todo es aleatorio y sujeto al cambio. Abordaremos esto más adelante cuando empecemos a hablar sobre el adiestramiento en la sabiduría. Muchas personas dicen que todo es impermanente pero cuando los budistas hablan de la impermanencia quieren decir algo más que el mero hecho de saber que las cosas cambian.

La quinta paramita es la energía. Esto quiere decir que debemos tener fuerza de voluntad; porque si no la tenemos y estamos padeciendo debilidad o falta de voluntad entonces no podremos dejar de hacer lo que no debemos hacer y no podremos hacer lo que deberíamos hacer. Sin fuerza de voluntad nos sentimos sin fuerzas para romper esas cadenas; nos sentimos dependientes y la víctima de las circunstancias. Por eso es muy importante desarrollar este sentimiento de fuerza de voluntad o energía.

La sexta virtud que deberíamos cultivar es la paciencia. La paciencia obviamente significa que no deberíamos esperar una gratificación inmediata. Deberíamos dejar tiempo para que las cosas se desarrollen y no esperar resultados instantáneos. No tendríamos que precipitarnos demasiado en las cosas que hacemos queriendo que las cosas funcionen en un breve periodo de tiempo. Por supuesto significa que deberíamos ser más tolerantes con los desengaños, contratiempos y fracasos. Solo porque fallemos no quiere decir que debamos abandonar. Debemos persistir de un modo inteligente y relajado, sin ser agresivos u obsesivos.

Los Cinco Preceptos (Pancha Shila)

Con esto concluye la lista de cosas que deberíamos tratar de hacer. Ahora vamos a ir brevemente por la otra lista de cosas que deberíamos tratar de no hacer, según las directrices morales del Buda. Digo "directrices morales" porque estos preceptos son sólo directrices, no leyes rígidas. Deberíamos tratar de relacionarnos más con ellas de una manera espiritual que literal. Sin pensar que son inviolables e inamovibles.

Las cosas que deberíamos abstenernos de hacer se denominan *panchashila: pancha* quiere decir "cinco" y *shila* es "conducta". El primer precepto es abstenerse de dañar a los seres sintientes. Antes de aprender cómo amar a los demás debemos aprender cómo no hacerles daño. No deberíamos dañar a ningún ser sintiente, y esto no sólo atañe a los seres humanos, sino también a los animales e incluso a los insectos. No deberíamos hacerles daño innecesariamente. En los países budistas, como el Tíbet, cuando los granjeros matan animales lo hacen con arrepentimiento, con un sentimiento de empatía hacia los insectos que ellos matan en lugar de verlos como plagas que arruinan sus campos.

Cuando los budistas hablan de *ahimsa*, o "no dañar", también abarca el respeto hacia el medioambiente y la biosfera. Significa no sólo no dañar a aquellos seres sintientes que tienen consciencia de sí mismos, sino cualquier cosa que pueda crecer y que pueda ser manipulada al interferir el ser humano. En las enseñanzas se dice que si desarrollamos simpatía, incluso una serpiente venenosa responderá ante ella. Estuve una vez en Madhya Pradesh, en la India Central, donde hay un asentamiento tibetano. Había muchas serpientes. Debido a la educación budista, los tibetanos no matan las serpientes, pero los indios locales las matan tan pronto como aparecen. Lo que pude observar era que los tibetanos podían ir por los alrededores con toda seguridad. En ese monasterio en concreto, que en tiempos fue un vertedero provisional, las serpientes iban arrastrándose por las vigas. En ocasiones un monje podía estar meditando y una serpiente llegaba hasta su regazo. Las serpientes nunca reaccionaron de manera agresiva hacia los monjes o hacia ninguno de los tibetanos, pero tan pronto como oían las voces de los indios, intentaban escapar o se volvían muy agresivas. No sé si se debe a algún tipo de inteligencia, o si a través de generaciones de serpientes de aquel lugar han desarrollado una reacción biológica hacia diferentes estímulos. Por lo que sea, había una clara diferencia. En cualquier caso no dañar a los seres sintientes es, obviamente, algo bueno.

La segunda directriz dice que deberíamos abstenernos de lo que es no dar. Además de coger por la fuerza las cosas de los demás, a veces intentamos conseguir lo que deseamos mediante trucos, engaños o adulación. Por ejemplo, si tu abuela rica se está muriendo, empiezas a visitarla para cuidar de la casa más a menudo con la esperanza de que te deje algo al morir, incluso todo. Todos hacemos estas cosas, supongo. Esto incluye por lo general, confundir a otra persona o manipularla según sean tus deseos mediante tratos, manipulación o argucias.

El tercer precepto es abstenerse de la conducta sexual errónea. En el budismo, el sexo no es visto como algo malévolo o antinatural en sí mismo. Los budistas laicos pueden tener placer sexual y una vida sexual normal sin sentirse culpables o temiendo un castigo. Sin embargo, se advierte que si uno se obsesiona con el sexo, como cualquier obsesión, puede causar un daño enorme a uno mismo y a los demás. Una vez más, el verdadero criterio es cuánto dolor está provocando uno mismo, en lugar del acto sexual en sí. Así pues, esto no debería ser malinterpretado como "sexo no", o que el sexo es sólo para la procreación. Abstenerse de una conducta sexual incorrecta significa que no debemos implicarnos en actividades sexuales que produzcan conflictos, resentimientos, o daño. Por ejemplo, si tenemos una aventura y esto provoca sufrimiento a nuestra pareja, entonces es una conducta sexual incorrecta y debemos abstenernos de ella. Pero queda muy claro en las enseñanzas budistas que lo que es aceptable y no aceptable en términos de sexo y procreación varía de una cultura a otra y también de un individuo a otro, así que estos factores deben tenerse en cuenta. Fundamentalmente, se refiere a aquellas actividades sexuales que producen daño, al provocar maltrato, resentimiento, rencor, o frustración.

La cuarta actividad que deberíamos evitar es la palabra falsa. Mentir es obviamente un ejemplo de palabra falsa, pero hay otras como el extender rumores, el cotilleo, la calumnia, destruir la reputación de alguien, hablar mal de otros. No es el hecho de mentir en sí mismo lo que es malo, sino lo que mentir o la palabra falsa pueden hacer. Podemos ver el daño que producen. Pero hay también algunas excepciones. Por eso digo que esto son solamente directrices morales, porque alguien podría generar más beneficio que daño al mentir en algunas circunstancias excepcionales. Sin embargo, la regla general es que mentir es algo que deberíamos evitar, particularmente cuando mentir va a causar daño.

El quinto precepto es abstenerse de tomar alcohol y otros intoxicantes. De nuevo el alcohol no es el culpable; Pero algunas personas que beben alcohol quedan afectadas por él de una manera que resulta destructiva tanto para ellas como para los demás. Sabemos los problemas que nuestra sociedad padece con los conductores borrachos y los casos en que alguien mata a sus seres queridos bajo los efectos del alcohol. El alcohol puede atrofiar nuestro juicio y hacernos perder la conciencia de tal manera que no recordemos lo que hicimos mientras estábamos bebidos. En el *Vinaya* – los textos que explican las normas de vida para los monjes y monjas– Cuando el Buda habló sobre la abstención del alcohol y otras formas de intoxicantes utilizó una parábola. Un monje estaba un día mendigando su comida cuando se le acercó una mujer que vendía alcohol. Ella le dio tres opciones: La primera era beber alcohol, la segunda era matar a una cabra y la tercera acostarse con la mujer. El dijo: “No, no puedo matar a la cabra; Un monje budista nunca haría tal cosa. No puedo tener sexo, soy un monje, soy célibe. Así que beberé alcohol”. Bebió la cerveza y cuando estuvo borracho mató a la cabra y se acostó con la mujer. El Buda dijo que esta es la razón por la que deberíamos abstenernos de tomar alcohol, precisamente porque puede tener extraños efectos en algunas personas.

Todas las directrices que hemos visto hasta ahora tienen una naturaleza práctica. Nos aportan una dirección sobre cómo deberíamos vivir, qué clase de cosas deberíamos hacer y qué clase de cosas deberíamos tratar de evitar para incrementar nuestro propio bienestar y felicidad, es decir la felicidad última– y de ese modo hacer las vidas de los demás más fáciles. Como puedes observar en esta explicación, en el budismo no nos subscribimos a forma alguna de absolutismo moral. Con esto quiero decir que cualquier acción ética que elijamos debemos tener en cuenta una variedad de factores. No podemos tener nociones preconcebidas de "correcto" e "incorrecto". El absolutismo moral nos hace creer que sabemos lo que es correcto e incorrecto y, en consecuencia, no nos planteamos ninguna forma de dilema moral. El budismo no adopta esa visión. Por ejemplo, el aborto puede no ser algo bueno pero, en ciertas circunstancias, puede ser más beneficioso abortar que no hacerlo. Si estás pasando hambre y no tienes otra elección que robar una barra de pan, entonces probablemente sea más beneficioso robar el pan que pensar: "estoy adscrito a tal y tal visión religiosa que prohíbe robar, por lo tanto debo dejarme morir en lugar de robar". En la ética budista debemos ser conscientes siempre de ciertas excepciones como esta. Por lo tanto, las paramitas son vistas no como mandamientos morales sino como directrices morales.

La Meditación

Cambiar Nuestra Perspectiva Mental

Sin compasión ni comprensión está claro que nunca podremos confiar en lo que nosotros mismos estamos haciendo. Con una mayor comprensión podemos ser capaces de reconocer lo que es verdaderamente beneficioso y lo que es verdaderamente perjudicial. La sabiduría no puede desarrollarse o cultivarse sin la práctica de la meditación, que es la parte más importante de las enseñanzas budistas. Esto establece el vínculo entre la sabiduría y la ética o conducta moral. Es a través de la práctica de la meditación que descubrimos qué estados mentales, emociones pensamientos y actitudes son beneficiosos y cuales son perjudiciales para nosotros y para los demás, y también cómo esos estados influyen en nuestra interacción con los demás y en cómo vivimos nuestras vidas.

Si deseamos cambiar nuestro comportamiento, debemos obtener una mayor comprensión de nuestras propias mentes y necesitamos cambiar nuestras actitudes. También necesitamos cambiar el modo en que expresamos nuestras emociones. Cuando lo hacemos, vemos que nuestros pensamientos negativos y emociones tienen que ser erradicados gradualmente, no sólo porque sean perjudiciales para los demás sino porque son básicamente muy dañinos para nosotros mismos. Esta debería ser la motivación básica para desear vencer nuestras particularidades emocionales negativas, actitudes y pensamientos.

En una conferencia en "Mente y Vida" en Dharamsala, en la India, muchos de los científicos físicos más importantes, neurólogos, psiquiatras y otros especialistas, se reunieron con maestros budistas para intercambiar información. Al leer ciertos libros sobre budismo, estos científicos descubrieron similitudes entre el budismo y sus prácticas clínicas. Lo que ellos habían aprendido era parecido a lo que el budismo había estado diciendo en relación a cómo nuestra perspectiva mental afecta a nuestra salud física y a nuestro bienestar general.

Desde un punto de vista budista, nuestro comportamiento moral y nuestras actitudes mentales tienen cierta relevancia en nuestro bienestar. Evitamos hacer ciertas cosas no solo porque sean moralmente erróneas sino porque el no hacerlas fomenta nuestro bienestar. Sentimientos como el rencor y el despecho gradualmente nos vuelven enfermos, frustrados e infelices en vez de afectar de alguna manera a la persona hacia la que dirigimos dichas emociones. Probablemente la otra persona está lejos disfrutando de unas hermosas vacaciones mientras nosotros somos incapaces de dormir o comer porque estamos demasiado ocupados sufriendo.

Cuando vemos lo importante que es cambiar nuestra perspectiva mental, necesitamos una técnica particular para lograrlo. Esta técnica es la práctica de la meditación. En el budismo hay dos tipos diferentes de meditación: Permanencia apacible o calma mental (*shamatha*) y visión superior o penetrante *(vipashyana)*.

La Meditación de la Calma Mental *(Shamatha)*

La meditación de la calma mental nos enseña cómo volvernos estables y calmados y a concentrarnos de modo que nuestras mentes no estén siempre hacia fuera, agarradas a esto o lo otro, y cada vez más dispersas. Aprendemos cómo enfocar nuestras mentes, a estar más centrados. También aprendemos cómo estar presentes y no morar en nuestros logros, fracasos, remordimientos y culpas del pasado asociados con las cosas que podríamos haber hecho o que salieron mal. Así mismo, aprendemos a no vivir o sentirnos ansiosos por el futuro: lo que nos gustaría conseguir, la posibilidad de que no seamos capaces de llevar a cabo nuestros objetivos, los obstáculos inminentes que podemos prever y demás. Aprendemos cómo estar en el presente y permanecer enfocados. Si somos permisivos con todas esas actividades mentales sin estar enfocados, perdemos la perspectiva y empezamos a reaccionar ante las cosas cada vez más en base a nuestras reacciones habituales en lugar de hacerlo desde un entendimiento claro. Mediante la práctica de la meditación aprendemos cómo estar atentos y en el presente.

Cuando estamos sentados en meditación y surge un pensamiento lo dejamos ir; tratamos de no permanecer en él. Al mismo tiempo, no nos anticipamos a los pensamientos y emociones que podrían surgir en el futuro. Cuando nos sentamos, tratamos de concentrarnos, normalmente en la respiración. No intentamos juzgar lo que pueda surgir en la mente sino, sencillamente, dejarlo surgir y desaparecer. A medida que vamos ganando enfoque, y mientras vamos desarrollando una mayor habilidad para permanecer en un estado de concentración, los conflictos emocionales que normalmente experimentamos empiezan a apaciguarse. Cuando éstos se calman, se hace posible que surja la sabiduría. Si la mente está alterada y distraída es imposible desarrollar sabiduría.

Los Cinco Obstáculos *(Nivaranas)*

Mientras estemos implicados en la meditación de la calma mental, debemos ser conscientes de lo que se conoce como los cinco obstáculos. El primero de ellos se llama *deseo sensual.* Este término alude a la tendencia mental a aferrarse siempre a aquello que la atrae –un pensamiento, un objeto visual o una emoción particular. Cuando dejamos que la mente se entregue a tales atracciones perdemos la concentración, así que debemos aplicar la atención plena y darnos cuenta de cómo opera la mente; no tenemos que suprimir necesariamente todas esas cosas que aparecen en la mente, pero deberíamos tomar nota de ellas y observar cómo se comporta la mente, cómo se aferra fuertemente a esto y aquello de manera automática.

El segundo obstáculo es la *aversión*; es lo contrario del primer obstáculo. Es producido por la aversión en lugar de por la atracción. La aversión se refiere a toda clase de pensamientos relacionados con el deseo de rechazar, de sentir hostilidad, resentimiento, odio y rencor. Cuando aparecen, deberíamos ser conscientes de ellos y no necesariamente suprimirlos sino ver cómo surgen. Al mismo tiempo deberíamos intentar practicar la meditación del amor afectuoso, que describiré brevemente.

El tercer obstáculo a la meditación es el *letargo y el sopor.* Esto es algo muy familiar para la gente que medita. Cuando este obstáculo está presente perdemos nuestro enfoque en la meditación. Podríamos no estar alterados de una manera perceptible, pero no hay claridad mental. Gradualmente nos vamos adormeciendo cada vez más y en un momento dado pasamos a dormir. Cuando esto sucede, en lugar de insistir con la práctica de la meditación, es mejor intentar refrescarnos levantándonos y dando un paseo o lavándonos la cara, tras lo cual volvemos a la meditación.

El cuarto obstáculo es la *inquietud y la preocupación,* que se refiere a todas las actividades mentales que se dan en nuestra mente debido a su naturaleza inquieta. La mente no puede permitirnos descansar ni siquiera un minuto. Contrarrestar este obstáculo es, de nuevo, una cuestión de aplicar la atención plena y ver cómo se comporta la mente, cómo reacciona ante las cosas y no juzgarla en términos de lo que estamos experimentando. Si estamos experimentando algo "malo" no deberíamos pensar que es malo; si es algo "bueno" no deberíamos pensar que es bueno. Sencillamente tomamos nota de lo que está ocurriendo.

El quinto obstáculo se conoce como la *duda escéptica* o, como alguien ha traducido, el miedo al compromiso. Cuando meditamos en presencia de este obstáculo tenemos una molesta sensación constantemente: "¿Cómo sé que lo estoy haciendo bien? ¿Cómo sé que esto realmente funciona y no estoy simplemente perdiendo el tiempo? ¿Cómo sé que lo que dicen las escrituras budistas es cierto? ¿Cómo sé que lo que me han enseñado los maestros de meditación es cierto y que no están engañados?"

Esta excesiva duda escéptica no tiene valor y se torna un obstáculo a la meditación. Para trabajar con este obstáculo, debemos buscar un mejor entendimiento del funcionamiento de la mente leyendo e intentando ampliar nuestro saber, en lugar de gratificarse en este estado de duda.

Mediante la práctica de la meditación de permanencia apacible o calma mental, empezamos a ver cómo nuestras actitudes mentales, emociones y pensamientos crean la clase de persona que somos, el carácter y la personalidad que tenemos. Cuando comprendemos esto, es posible volverse una persona diferente.

Las Cuatro Moradas Divinas *(Brahmaviharas)*

Además de la práctica de la calma mental, el meditador es animado a practicar también lo que conocemos como "Las Cuatro *Brahmaviharas.* Algunos traductores lo han traducido como "las virtudes cardinales del budismo", o como las cuatro "moradas divinas". Estas son: amor afectuoso, la compasión, el regocijo y la ecuanimidad. Según el budismo no es fácil para nosotros estar llenos de amor afectuoso o compasión así sin más. Tenemos que aprender cómo hacerlo. No parece que tengamos que adiestrarnos en cómo volvernos irritantes, pero requiere una gran cantidad de esfuerzo desarrollar cualidades como el amor afectuoso.

Algunas personas han dicho: "Los budistas simplemente se implican en la meditación del amor afectuoso. No *hacen* nada más" Sin embargo la visión budista es que, si desarrollamos un sentido real del amor afectuoso y la compasión mediante la meditación, seremos capaces de expresarla con mucha más destreza en el mundo real. Esto no significa que tengamos que esperar hasta que logremos la iluminación para poder ser afectuosos. Pero al intentar tener más pensamientos positivos, gradualmente, adquirimos una perspectiva más positiva y esto tendrá un impacto más beneficioso en los demás.

La meditación del amor afectuoso (*maitri*) se practica enviando amor altruista a individuos específicos. Cuando empezamos a practicar el amor afectuoso se dice que el objeto de esta práctica no debería ser una "persona difícil", alguien con quien encontramos difícil llevarse bien, porque el amor afectuoso no surgirá naturalmente hacia esa persona. El objeto de la práctica del amor afectuoso tampoco debería ser alguien querido porque toda clase de distorsiones pueden ser introducidas en el amor que sentimos hacia esa persona. El objeto de la práctica del amor afectuoso tampoco debería ser alguien hacia quien nos sentimos indiferentes porque, de nuevo, en esta etapa de la práctica es muy difícil generar amor hacia alguien en quien no tenemos interés. También se dice que, al principio no deberíamos tratar de hacer esta práctica con una persona del sexo opuesto como objeto de nuestra práctica[2]. Entonces ¿qué tipo de personas nos quedan

---

2 Los textos clásicos Theravadin sobre meditación como el Vishudhimagga y la obra del gran santo mahayana Shantideva, el *Bodhicharyavatara,* dedican una especial atención a los aspectos desagradables y repulsivos del cuerpo. Tales meditaciones se hacían no para ver el sexo como algo repulsivo o intrínsecamente rastrero, sino para eliminar la atracción hacia el sexo opuesto o quizá hacia el mismo sexo. El uso de tales técnicas es visto como una técnica terapéutica.

después de esto?

Según las enseñanzas deberíamos primero hacer la práctica del amor afectuoso con nosotros mismos –somos la persona a la que deberíamos tratar de amar verdaderamente, aunque no de un modo egocéntrico. Desde aquí, podemos transferir este sentimiento a un grupo mayor de personas que están necesitadas de amor y después, gradualmente, intentar expandir nuestros horizontes hacia todos los seres sintientes. Se dice que tenemos que hacerlo paso a paso.

Cuando intentamos generar amor afectuoso debemos asegurarnos de que no se distorsiona y pasa a ser apego. El amor afectuoso es realmente un sentimiento amplio mientras que el apego es estrecho y distorsiona nuestra visión de las cosas. En el budismo el amar a otros seres sintientes (no solo a los humanos sino a todos los seres sintientes) es la clase última de amor. No hay diferencia entre eros y ágape.

La segunda morada divina es la compasión (*karuna*), que se desarrolla cuando contemplamos el sufrimiento. Los seres experimentan una variedad de sufrimientos –tortura, opresión, toda clase de inconvenientes y privaciones. Cuando vemos esas cosas la compasión brota de nuestros corazones. La palabra "compasión" significa literalmente "sufrir con" los demás. Pero en el budismo, cuando sentimos compasión, no se trata de sufrir con los demás, sino más bien en ver los apuros en los que están en buscar aliviar su sufrimiento.

La tercera morada divina es el regocijo (*mudita*) que quiere decir que cuando los demás son felices nos regocijamos con ellos. No sentimos envidia o celos de la felicidad de los demás; sentimos gozo porque ellos sienten gozo.

La última morada es la ecuanimidad (*upeksha*), que es la más importante, porque sin ecuanimidad el amor afectuoso puede volverse apego, la compasión puede volverse sentimentalismo y el regocijo puede volverse euforia. Pero si tenemos un sentimiento adecuado de ecuanimidad, es posible mantener las cosas en perspectiva, de tal manera que nuestros propios prejuicios, expectativas y miedos no interfieran en nuestra capacidad para expresar esas emociones positivas. Sin embargo, incluso con la ecuanimidad debemos aplicar la atención ya que la ecuanimidad se puede transformar en indiferencia, lo que es precisamente su opuesto. Con un sentimiento de ecuanimidad, somos capaces de hacer cosas por nosotros mismos y por los demás y podemos mantener una visión amplia, mientras que cuando somos indiferentes no tenemos interés en absoluto.

La Meditación de la Visión *(Vipashyana)*

Así, mediante la meditación de la calma mental podemos aprender a crear un estado mental calmado que no está visiblemente alterado. Pero esto en sí mismo no es suficiente. Debemos aprender cómo desarrollar la visión. La práctica de la meditación de la calma mental puede hacer posible que nosotros desarrollemos la visión, pero por sí misma no puede producir la visión. Por esta razón tenemos que practicar la meditación de la visión superior o *vipashyana,* empezando por lo que se conoce como los cuatro fundamentos de la visión. Estos son la atención del cuerpo, la atención de las sensaciones, la atención de la mente y la atención de las cosas condicionadas. La práctica de la visión tiene que ver con tener alguna realización o una comprensión de la naturaleza de la realidad; de cómo son las cosas. Cuando la mente se vuelve menos engañada y a medida que los oscurecimientos se reducen, es posible ver las cosas más claramente, esto incluye ver las cosas como impermanentes y en constante cambio, y ver que nada tiene una esencia permanente. Por lo tanto, a través de las cuatro meditaciones de la atención podemos ganar visión en la impermanencia.

Con la atención del cuerpo, cuando empezamos a observar el cuerpo, sus sensaciones, la respiración yendo y viniendo y nuestras experiencias a nivel físico, podemos ver los cambios que están teniendo lugar en el cuerpo. La atención a las sensaciones nos mantiene en contacto con las modulaciones sobre cómo nos sentimos, en términos de dolor, placer y sentimientos neutros y cómo esas sensaciones están constantemente cambiando. La atención de la mente, nos revela lo inestable que es la mente en sí misma, en sus pensamientos, conceptos e ideas. Finalmente, la atención de las cosas condicionadas quiere decir que todo está condicionado y producido en base a causas y condiciones. Nada puede existir por sí mismo, incluida la mente o nuestra noción del yo. Cuando pensamos en el yo, lo hacemos como si fuera una especie de entidad que existe independientemente de nuestros constituyentes psicofísicos. Hablamos de "mi" cuerpo, "mi" mente, "mis" sentimientos, "mis" percepciones, "mi" memoria y demás. Mediante esta práctica, mientras meditamos en nuestro yo, por ejemplo, empezamos a comprender que no hay un yo que sea una entidad independiente, que el yo es sólo una reunión de factores físicos y mentales.

Regresaremos al tema de la meditación más tarde para mirar otros aspectos de la práctica.

Karma y Renacimiento

Todo está relacionado

No podemos completar nuestra anterior explicación del budismo sin incluir los conceptos tan importantes del karma y el renacimiento. En el budismo, la idea de la causalidad es extremadamente importante. Lo que entendemos por causalidad es que nada en la existencia tiene algún tipo de esencia permanente. Todo está relacionado; todo existe de manera dependiente. Nada puede existir por sí mismo. Por lo tanto, todo cuanto existe es causalmente dependiente, tanto en el plano físico como mental.

Siendo este el caso, debemos ver la moralidad también en términos de causalidad. La moralidad se basa en la noción del karma, porque el karma hace referencia a la ley de causa y efecto en el plano moral. Cualquier cosa que hagamos, crea ciertas impresiones mentales que a su vez producen residuos kármicos que más tarde dan fruto cuando las causas y condiciones adecuadas están presentes. Cuando hacemos algo positivo, saludable y bueno, se dejan en la mente ciertas impresiones positivas de manera automática. Esto provoca disposiciones positivas y saludables en nosotros de manera que nuestras experiencias en el futuro serán positivas y saludables.

Cuando nos observamos a nosotros y a los demás puede que, en el momento, no sea aparente cómo operan la causa y el efecto. Por ejemplo, hay buenas personas que hacen cosas buenas y, aún así, pueden estar experimentando mucho sufrimiento. Pueden estar enfermos, tener inconvenientes u oprimidos. Y hay personas malas que sin embargo disfrutan de una buena vida. La teoría de la reencarnación o renacimiento es una extensión del concepto del karma, lo que significa que debemos mirarlo todo en términos de nuestra existencia previa. (No me gusta utilizar el término *encarnación* porque puede implicar una sustancia psíquica preexistente o alma, y el budismo no acepta la existencia de un alma eterna que se encarna. Sin embargo, el budismo cree en una corriente de conciencia que es transferida de un nacimiento al siguiente. Esta corriente de conciencia es un caso de un acontecimiento mental que surge debido a su propio impulso interno así como también en base a los estímulos externos, por lo que parece perpetuar su continuidad en el tiempo. Como tal, sirve como la base para la autoidentidad). Incluso una persona que no haya hecho nada erróneo en esta vida, puede tener experiencias terribles e indeseadas debido a lo que él o ella han hecho en una vida previa.

El renacimiento no sucede de un modo fortuito sino que está gobernado por las leyes del karma. Al mismo tiempo, los malos y buenos renacimientos no son vistos como premios o castigos sino como resultado de nuestras propias acciones. Por eso, en tibetano, la ley del karma se llama *le gyu dre,* que significa "causa y efecto kármicos". De aquí podemos deducir lo importante que es desarrollar actitudes positivas y saludables, porque lo que hacemos está vinculado a la clase de persona que somos y a la clase de actitudes mentales que tenemos. No podemos separar estos tres porque están íntimamente relacionados. Si pensamos de manera negativa nos volveremos personas negativas, y si nos volvemos personas negativas haremos cosas negativas. Por ejemplo, si somos indulgentes con los pensamientos agresivos y albergamos resentimiento o rencor hacia los demás, nos volveremos una persona agresiva. Cuando somos indulgentes con lo negativo o los pensamientos agresivos, estos pensamientos tienen un camino para funcionar a su modo en la acción, de manera que nos volvemos negativos, personas agresivas.

Sin cierta visión de nosotros mismos y de nuestras mentes, simplemente poniendo atención a lo que hacemos, no nos haremos mejores personas de manera significativa. Por esta razón, deberíamos estar más atentos a nuestras intenciones y actitudes que a nuestro comportamiento o acciones.

No hay sitio en los preceptos budistas para expresión de la indignación moral o afrenta. Las expresiones de las emociones negativas irrefrenadas como el odio o la repugnancia hacia nuestros oponentes o hacia aquellos que no comparten nuestra perspectiva moral, son vistas como las mismísimas causas raíz de nuestra debilidad moral. Una fijación excesiva sobre lo "correcto" y lo "incorrecto", la creencia engañosa de nosotros estamos del lado de lo correcto y lo bueno, emprendiendo una guerra contra lo que percibimos como malo y siendo indulgentes o albergando pensamientos y emociones que podrían conducirnos hacia acciones y actitudes dañinas, todas estas cosas se deben evitar. Entonces, como budistas, no solo deberíamos implicarnos en acciones positivas y saludables, constante y regularmente, sino que deberíamos observar nuestros estados mentales internos también. El Buda dijo en los Nikayas (Sutras en Pali del primer canon budista): "Oh monjes, a esto lo llamo karma: Habiendo tenido la intención, uno actúa a través del cuerpo, la palabra y la mente". Por lo tanto, la intención es más importante que la acción. Si nuestra intención es correcta y sincera y nuestra mente es pura entonces, aunque no pongamos demasiada atención a las acciones en sí, podremos actuar de un modo que lleve al bienestar de los demás y también del nuestro.

Incluso la felicidad, la infelicidad, el placer o el dolor que experimentamos es proporcional a nuestro mérito o demérito kármico, no deberíamos sólo aceptar la situación en la que nos encontramos. El budismo no alimenta un sentimiento de fatalismo. Creer en el karma no significa que debiéramos decir: "Bueno, este es mi karma, y mi parte de karma es tan terrible que no puedo hacer nada al respecto.

Soy un perdedor. He fracasado". Si nos encontramos en una situación insatisfactoria deberíamos intentar superarla o librarnos de ella. Puede haber varias opciones disponibles. En lugar de promocionar la idea del fatalismo, la teoría kármica en realidad, propone la idea de tomar personalmente la responsabilidad de nuestras acciones.

Muchas de nuestras experiencias no son puramente un resultado del karma sino que se deben a nuestra propia insensatez, negligencia o falta de responsabilidad. Por ejemplo, si caemos enfermos, obviamente no vamos a decir: "bueno, es debido a mi karma que estoy enfermo, por lo tanto no voy a buscar atención médica". Sabemos que debemos buscar un médico y averiguar qué clase de enfermedad es. La teoría del karma tiene que ver con asumir la responsabilidad y desear mejorar la situación, no solo como individuos sino como sociedad también. Aquí en occidente, la gente ha criticado al budismo por no tener conciencia social y no implicarse en la sociedad. Dicen que la gente es pobre en Oriente básicamente porque, en los países budistas, se les ha enseñado que es su karma el sufrir y estar oprimidos, y que su situación no tiene nada que ver con los factores sociales y que no hay nada que hacer para mejorarlo.

Sin embargo, la teoría del karma no dice que la gente debe simplemente aceptar las cosas como son; deberíamos hacer todo lo que podamos para mejorarlas, para transformarnos o para mejorar las condiciones sociales. Cuando nuestros mejores esfuerzos fracasan, entonces, es el momento para aceptar la situación. Supón que, sin importar lo que hagamos, aún así no podemos cambiar las cosas y que no hay nada que podamos hacer al respecto. En tal situación, en lugar de frustrarnos, enfadarnos o deprimirnos, deberíamos aprender a vivir con ello. Los sentimientos de un enorme estrés psicológico, la ansiedad o el sufrimiento, simplemente empeoran las cosas. Si nos sentimos extremadamente enfadados y frustrados con una situación que no podemos cambiar, esta tendencia genera más karma negativo, y de ese modo experimentaremos más tormento y sufrimiento en el futuro.

Volviendo al ejemplo de la enfermedad de nuevo. Hemos intentado todo para combatir una enfermedad pero nada ha funcionado. Entonces es mejor ser conscientes de que es nuestro karma lo que nos ha hecho enfermar y que no hay curación. Es mejor aceptar la situación que pelear o negarla. Intentar vivir con esa enfermedad es una actitud mucho más saludable que hacer algo que no nos dirige hacia nuestro propio bienestar, como negar la realidad de la enfermedad o tener una confianza equivocada de nuestra capacidad de curación.

No debemos pensar en la ley del karma en términos de una estricta y personal relación causal. Hay muchos factores implicados en nuestras circunstancias diarias. Por ejemplo, si yo agredo físicamente a alguien habrá varios factores implicados: Mi intención, mi acción y la persona a quién he dañado físicamente. Todos estos factores tienen una implicación con la consecuencia kármica que voy a experimentar. Si la persona a la que he herido es un canalla, como se suele decir, esto sería diferente a herir a una persona santa, como la Madre Teresa o el Dalai Lama; totalmente diferente. El por qué he dañado a esa persona también es algo a tener en cuenta. La ley del karma no es algo mecánico donde si llevas a cabo una acción en particular, entonces, invariablemente, se manifestará un efecto particular. Incluso aunque la acción sea la misma, debido a esos otros factores, el resultado kármico puede ser diferente. Así pues, la ley del karma no es algo mecánico y rígido sino que es fluida y maleable.

Las buenas acciones, denominadas *kusala* en pali o *gewa* en tibetano, son "acciones hábiles" que producen experiencias positivas y disposiciones saludables. Las acciones negativas, denominadas *akusala* o *mi gewa* en tibetano, son "acciones torpes" que producen una variedad de experiencias psicológicas no deseadas. En el *Majhimma Nikaya Sutra,* el

Buda describe las acciones hábiles y torpes de la siguiente manera: "Cualquier acción –de cuerpo, palabra o mente– que causa sufrimiento a uno mismo, a los demás o a ambos, es akusala; una acción torpe. Cualquier acción –de cuerpo, palabra o mente– que no causa sufrimiento a uno mismo, a los demás o a ambos, es una acción hábil, kusala".

Esta declaración deja claro que siempre que hacemos algo deberíamos tener en cuenta nuestras propias necesidades y las de los demás. No es suficiente con pensar sólo en las necesidades de los demás; no es suficiente con tener en cuenta sólo nuestras necesidades. Debe haber un equilibrio. Si pensamos en las necesidades de los demás únicamente, podemos sufrir como consecuencia. Quizá conozcas personas que piensan que deberíamos sacrificarnos nosotros para trabajar en beneficio de los demás y no pensar en nuestro propio beneficio. Y, por supuesto, están aquellos –mucho más numerosos con diferencia– que piensan que deben hacer todo lo posible para promocionar su propio bienestar y olvidarse del de los demás. Así, una acción hábil significa que debemos tener en cuenta tanto las necesidades de los demás como las nuestras, de manera que estén en equilibrio.

Según la teoría kármica, como individuos, somos responsables de nuestras acciones. Esta responsabilidad se traslada a las vidas siguientes en las que recibimos compensaciones buenas o malas en base a las acciones que hemos realizado en vidas previas. Los efectos psicológicos o internos de dichas acciones anteriores son lo que produce ciertas tendencias y disposiciones que contribuyen a la formación y moldeo de nuestra personalidad. Tenemos la elección tanto de seguir estas tendencias o, mediante un gran autoconocimiento, autodisciplina y autocontrol, aprender cómo superar nuestras tendencias negativas.

La teoría del renacimiento es una hipótesis que puede explicar cosas que, de otro modo, encontraríamos muy difícil comprender. El predominio del sufrimiento y la injusticia que existe en el mundo –la gente inocente que sufre retraso mental y minusvalía física o tienen un bajo status social– pueden ser explicados según la teoría kármica, sin tener que apelar a una clase de solución teológica. Así, la forma de abordar el "problema del mal" por el budismo y el hinduismo es muy diferente a la del cristianismo. En concreto en el budismo no es un problema teológico sino un problema moral.

El Buda no presentó la teoría del renacimiento de una manera dogmática sino como una apuesta moral. Dejó claro en el *Majhimma Nikaya Sutra* que creer en el renacimiento nos animaría a llevar una vida moral asegurándonos así una vida futura plena y placentera. Además, incluso si el renacimiento no existe, no perdemos nada creyendo en él, porque llevar una vida moral nos hace mejores seres humanos, dotando esta vida de sentido y significado.

Budismo Mahayana

Ayudar a los Demás
Es Ayudarse a uno Mismo

Ahora nos volvemos hacia el último periodo del budismo, conocido como mahayana. La tradición mahayana tiene dos aspectos: La tradición del Sutra mahayana y la tradición del Tantra mahayana. El mahayana se distingue del primer budismo, o hinayana, Que literalmente quiere decir "vehículo inferior". El mahayana es el "vehículo superior". El punto básico aquí es que el seguidor del vehículo hinayana se ha embarcado en un sendero con un objetivo o una visión muy estrecha, de tal modo que, como persona individual, quiere alcanzar la iluminación para él o ella solamente. Esta persona no es considerada como alguien digno de seguir el sendero mahayana.

Cuando vemos esto así podríamos entender de pronto que "hinayana" no hace referencia necesariamente al budismo theravada, como algunas personas piensan. Tras la muerte del Buda, el budismo se dividió en ocho escuelas. Una de ellas fue el budismo theravada. La escuela con la que el mahayana estaba interactuando de una manera más cercana era conocida como sarvastivada ("pluralismo"), que creían en la existencia última de las entidades físicas y mentales. Cuando Maestros como Nagarjuna y Chandrakirti entran en escena, la escuela que más criticaron fue la sarvastivadin. No atacaron a los theravadas.

Así que, cuando los mahayanas critican hoy ciertas creencias del hinayana, no deberíamos asumir que están atacando al budismo theravada, tal como se practica hoy en día en Sri Lanka, Myanmar, Tailandia, Camboya o Vietnam. Esto es un punto muy importante a tener en cuenta ya que la tradición theravada es la única que ha sobrevivido de las ocho sectas que se extendieron tras la muerte del Buda.

A veces la palabra *Shravakayana* se utiliza como sinónimo de hinayana. *Shravakayana* o *nyenthö kyi thekpa* en tibetano, quiere decir "el vehículo de los oyentes". *Hinayana,* por lo tanto, no hace referencia a la fidelidad de un practicante hacia una determinada escuela, sino que va ligada a escuchar las enseñanzas y a asimilarlas a un nivel intelectual, pero no a practicarlas. *Nyen* en tibetano, significa "oír", y *thö* quiere decir "haber asimilado lo que uno ha escuchado de manera intelectual, pero no ponerlo en práctica. Así que, un shravaka es una persona de capacidad limitada que no tiene integradas realmente las enseñanzas del Buda.

Esto explica por qué los mahayana han dicho que la gente no debería aspirar a la perspectiva hinayana sino a la mahayana, que es equivalente al bodhisatvayana. Un seguidor mahayana es denominado también un bodhisatva, el término para alguien que, a diferencia del seguidor hinayana, quiere expandir su visión del sendero espiritual. Los bodhisatvas no se limitan simplemente a tratar de ayudarse a ellos mismos; por el contrario comprenden que, en realidad, al ayudar a los demás, están haciendo algo por ellos mismos. Este es pues el ideal del bodhisatvayana o mahayana.

Vemos entonces que el hinayana y el mahayana no están determinados por doctrinas, escuelas o sistemas de creencias, sino por la actitud interna que mantienen los practicantes en relación a su práctica espiritual. Los practicantes mahayana perciben su objetivo no sólo para liberarse ellos mismos del sufrimiento son para liberar a los demás seres del sufrimiento. Trabajan para beneficiar a los demás comprendiendo que hacer algo por los demás es también hacer algo por uno mismo.

Para tener una perspectiva general de las enseñanzas mahayana, hablaré sobre la causa del sufrimiento, el camino o el método que debemos utilizar para mitigar la causa del sufrimiento y la maduración que resulta de practicar el sendero. El objetivo del budismo mahayana no es diferente del de los primeros budistas. Todos desean lograr la iluminación. Pero la calidad de la iluminación, en cierto sentido, es diferente en base a la motivación. Los hinayana no están motivados necesariamente por el logro de la total iluminación, sino más bien por lo que se conoce como el estado de Arhat, un estado en el que uno se ha liberado a sí mismo de los conflictos emocionales que se experimentan debido a la ira, los celos, la insatisfacción y demás. En este acercamiento no hay compasión hacia todos los seres como en el mahayana.

Si seguimos el sendero mahayana necesitamos desarrollar una actitud de afecto y compasión porque, a menos que cuidemos de los demás, nuestro desarrollo no continuará. Con este pensamiento, los practicantes mahayana tratan de comprender las causas del sufrimiento y también de comprender cómo enmendar esa situación. En términos de la actitud hacia la causa del sufrimiento, no hay diferencia entre mahayana y hinayana. Las causas del sufrimiento son los dos velos de las emociones aflictivas y la confusión mental. Las emociones aflictivas incluyen los celos, la ira, el orgullo, la ignorancia y el deseo excesivo. La confusión conceptual hace referencia a la noción errónea de que hay un yo con una esencia permanente. Tanto los mahayana como los hinayana entienden que el sufrimiento resulta de no tener una comprensión adecuada de uno mismo y de sus emociones.

Según la tradición mahayana hay una diferencia entre los ideales espirituales y los medios adoptados para realizar dichos ideales. Como he dicho antes, los hinayana están sólo preocupados por su propio bienestar, y desean lograr la iluminación por su propio beneficio, y por eso no tienen la misma capacidad que los mahayana. Esto no quiere decir que los practicantes hinayana no piensen nunca en la compasión y el amor. Estas actitudes pueden estar ahí, pero no con la misma extensión que en el mahayana. En alguna literatura budista se enfatiza la importancia de la autorrealización por encima de la práctica de la compasión hacia los demás, y habla de la práctica de los cuatro *brahmaviharas* o moradas divinas: Amor afectuoso, compasión, regocijo y ecuanimidad.

El budismo mahayana va más allá al decir esto, si uno desea lograr la iluminación, necesita hacerlo con una perspectiva doble. Estos son la compasión y la sabiduría. Uno debe desarrollar la compasión mediante la práctica de la meditación, pero no se puede desarrollar compasión simplemente meditando en la compasión como se sugiere en los cuatro prácticas *brahmaviharas*. En el mahayana tenemos prácticas como el "*lojong*"; literalmente "adiestramiento mental", pero normalmente se presenta como "dar y tomar". Esta serie de ejercicios mentales van destinados a romper gradualmente nuestra rigidez, pensamientos egoístas atrincherados y percepciones. En el lojong tratamos de desarrollar compasión poniéndonos nosotros en el lugar del necesitado o la persona con una situación económica mala. Pero el mahayana dice que ser compasivo, servir de ayuda, estar preocupado y tener una actitud altruista no es suficiente en sí mismo. Tenemos que implicarnos nosotros mismos con el mundo. La práctica de la meditación y mantener las prácticas espirituales debe hacerse en la vida diaria, no solo en el entorno monástico. Tenemos que vivir realmente en el mundo. Esta actitud viene de que los mahayanas dicen que el samsara es idéntico al nirvana. ¿Qué significa esto? Quiere decir que no es al mundo a lo que tenemos que renunciar; no es que tengamos que evitar toda responsabilidad social para desarrollar la espiritualidad. Nuestra actitud es lo más importante. Por eso dicen que samsara es nirvana. Nuestros engaños son lo mismo que la iluminación, y el mundo en el que vivimos está condicionado por nuestra mente.

Los practicantes mahayana enfatizan principalmente la

mente y la actitud que tenemos hacia el mundo, hacia los demás y hacia nosotros mismos. Si podemos tener una actitud adecuada entonces nos volvemos saludables. En lugar de pensar que nuestras acciones son lo más importante y volvernos dogmáticos acerca de lo que es correcto e incorrecto, con la actitud adecuada somos capaces de interactuar con el mundo del modo correcto. Este es el aspecto compasivo del camino.

La sabiduría es el otro aspecto del camino. Surge de la comprensión de que el yo y los demás no están separados porque todo es interdependiente: mente, materia, orgánico, inorgánico –todo lo que existe en el mundo es interdependiente, y por lo tanto, nada tiene sustancialidad. Esto es llevar las primeras enseñanzas budistas un poco más allá. Los primeros budistas dicen que todo es impermanente, pero no dicen que nada tiene una esencia permanente y que todo es interdependiente.

El budismo mahayana lo procesa diciendo que todo es interdependiente, que nada tiene existencia propia o estado autónomo; esto es lo que se entiende por vacuidad (shunyata). La sabiduría proviene de esta realización. Si uno tiene una fuerte idea de la noción de un yo con esencia intrínseca (svabhava) que está completamente incluido en el cuerpo y está totalmente separado del mundo externo, entonces uno nunca puede encontrase en casa en el mundo. El budismo mahayana dice que, de hecho, ya hemos renunciado al mundo tan pronto como tenemos esa creencia, porque entonces estamos autoencerrados, aislados y totalmente separados de todo lo demás. Percibimos el mundo exterior como algo hostil o como algo para ser explotado y de lo que sacar beneficio en base a nuestros deseos o a nuestra aversión.

Por lo tanto, si queremos sentirnos en casa en el mundo, necesitamos superar ese modo de pensar, y mientras lo hacemos, alcanzamos la iluminación. Para hacer esto, necesitamos desarrollar compasión y sabiduría. La sabiduría se desarrolla mediante la comprensión de que el yo y los demás, de los que pensamos que son completamente contrarios, son de hecho interdependientes. Una vez que tenemos esta visión, es fácil desarrollar la compasión.

La compasión y la sabiduría van de la mano. Las enseñanzas mahayana dicen que la compasión y la sabiduría deberían ser utilizadas como las dos alas de un pájaro. Si un pájaro tiene una sola ala no puede volar. Del mismo modo, si queremos permanecer en lo alto, necesitamos la compasión y la sabiduría en el reino espiritual. (Más tarde veremos cómo desarrollar estos dos aspectos).

El budismo mahayana nos enseña cómo estar en el mundo sin autoengaño, sin aversión y sin eludir nuestras responsabilidades. Enfrentándonos a la realidad de la situación y comprendiendo que mientras cultivamos la sabiduría y la compasión nos estamos desarrollando nosotros mismos, vemos que no hay contradicción. Volverse más compasivos es hacer algo por nosotros mismos realmente. No tenemos que ser la alfombra de cualquiera, ni rebajarnos a nosotros mismos, ni de volvernos un "bienhechor". Si actuamos de manera genuina, con la comprensión de que pueden ser desarrollados a través de la meditación y la sabiduría, nuestras actividades compasivas en relación con los demás pueden dirigirnos al objetivo.

Este objetivo, desde el punto de vista mahayana, es realizar el aspecto físico de un Buda mediante el desarrollo de la compasión y de realizar el aspecto mental de un Buda mediante la práctica de la sabiduría. Menciono esto porque estas cosas no se nombran en las enseñanzas del primer budismo. En la tradición mahayana hablamos de los tres aspectos de un Buda que explicaré más tarde. Aquí estoy simplemente vinculándolos al decir que este es el objetivo. Obtener el aspecto físico y mental de un Buda significa que, incluso cuando uno se ha iluminado, uno no entra en una especie de espíritu mundano separado de la naturaleza física de las cosas. Más bien es nuestro propio cuerpo físico lo que se ha transformado, en cierto sentido, debido a la transformación mental. Desde la perspectiva mahayana la transformación mental es el concepto importante en lugar de la purificación mental. No aspiramos a purificar la mente sino a transformarla, porque incluso la mente misma no es una entidad con una esencia sustancial e inamovible.

El Sendero del Bodhisatva

Meditación y Acción van de la Mano

He dicho anteriormente que según el budismo mahayana, nuestros engaños yacen en dos dominios diferentes, siendo uno el aspecto emocional y el otro el aspecto conceptual. Éstos pueden describirse como el aspecto afectivo y cognitivo de la mente. En relación al aspecto afectivo de la mente surgen emociones como el deseo, el aferramiento, el apego, la hostilidad, el resentimiento, o la amargura. En relación al aspecto cognitivo surgen toda clase de confusiones conceptuales, particularmente en la comprensión de nosotros mismos –acerca de lo que pensamos que es nuestro yo o nuestro ego. Así pues, hay una interrelación entre el aspecto cognitivo y el emocional de la mente. Por lo general esto contrasta con la manera de verlo en occidente, donde se dice que la razón, para tener racionalidad, debemos controlar nuestras emociones. Ciertos románticos han dicho que tendríamos que evitar el raciocinio por completo porque las emociones son más valiosas que la razón. Por consiguiente, quienes valoran la racionalidad a menudo no valoran las emociones y viceversa.

Desde un punto de vista budista, el problema del engaño no emerge únicamente de una fuente: o de nuestra lógica o habilidades conceptuales o de nuestras emociones y sentimientos. El problema surge de estas dos fuentes, y debemos tener una comprensión adecuada de ello.

Si este es el problema, entonces debemos encontrar un camino que nos lleve a la solución. Este camino tiene muchos aspectos, pero fundamentalmente consiste en la sabiduría y la compasión. La compasión se relaciona con el aspecto emocional y la sabiduría lo hace con el aspecto cognitivo. Mediante la sabiduría podemos clarificar nuestra confusión conceptual y nuestras distorsiones cognitivas y mediante la compasión podemos transformar nuestras emociones negativas.

El objetivo último del budismo mahayana no es erradicar las emociones como tales, sino transformar nuestra mente, tanto en el aspecto cognitivo como en el afectivo. Finalmente, el camino llega a la etapa del logro que también tiene dos aspectos, ¡qué sorpresa! En el budismo gustan los números, al parecer, y todo está categorizado; todo se divide en dos, en tres, en cinco o en cualquier otro número. Cuando simplificamos las etapas del logro del camino identificamos dos aspectos: El aspecto mental de un Buda y el aspecto físico de un Buda. Mediante la práctica de la compasión en el camino, llegamos a la realización del aspecto físico de un Buda, y con el cultivo de la sabiduría realizamos el aspecto mental o cognitivo de un Buda. Ya había dicho esto anteriormente pero quería recordarlo aquí.

¿Qué es un Bodhisatva?

La persona que sigue el sendero mahayana es llamada bodhisatva. El concepto de bodhisatva se encuentra incluso en la primera literatura budista. Por ejemplo, en los cuentos *Jakata* sobre las vidas previas del Buda, antes de que alcanzara el despertar, se referían a él, en sánscrito, como un bodhisatva. En la literatura Pali, la palabra es *bodhisatva,* y en tibetano *changchup kyi sempa*. Por lo tanto el concepto de bodhisatva no es una invención o un concepto exclusivo del mahayana. Tal como se usaba en el antiguo budismo, la palabra hacía referencia a alguien que se había embarcado en el sendero espiritual o que estaba progresando hacia la

Iluminación. En el budismo mahayana tampoco el bodhisatva está considerado equiparado con la total iluminación o la budeidad. La diferencia estriba en que en lugar de pensar en un bodhisatva como en una persona especial, con atributos y habilidades especiales, los mahayana dicen que todo el mundo puede llegar a ser un bodhisatva. Por este motivo la noción de un bodhisatva se hace tan importante en el budismo mahayana.

La característica más importante del bodhisatva es el elemento de la compasión. Incluso aunque la compasión se nombre en relación al bodhisatva en el antiguo budismo, es en el budismo mahayana donde se enfatiza este aspecto del bodhisatva. Según los mahayana, la iluminación no se alcanza de manera individual mediante nuestro propio esfuerzo en una especie de viaje personal. Por el contrario se logra mediante la relación e interacción con los demás. Por lo tanto, se enfatiza el elemento de la compasión.

Entonces, según la opinión mahayana, cuando estamos siendo egoístas, cuando tenemos una mentalidad acaparadora de querer más y más –ya sean bienes materiales, fama, amor o lo que sea– perdemos el contacto con los demás, perdemos el contacto con el mundo real. En su lugar, estamos viviendo en un mundo que ha estado siendo creado totalmente por nuestros propios deseos, expectativas y frustraciones, lo que no se corresponde con el mundo real de ahí fuera.

Por este motivo el budismo mahayana habla de superar la dualidad de objeto y sujeto, la dualidad de la mente y el mundo material. Cuando desarrollamos la sabiduría comprendemos que tanto objeto y sujeto, la mente y el mundo material tienen la misma naturaleza. Entonces, en lugar de ver el mundo como hostil o extraño, vemos que el mundo y nosotros mismos somos interdependientes. Y ahí yace la posibilidad de desarrollar compasión.

La meditación formal es un viaje en solitario en el que nos

batimos con nuestros propios demonios internos y tratamos de llegar a un acuerdo con ellos y desarrollar una comprensión de nuestras propias fuerzas y estados psíquicos, y esto nos debe llevar al desarrollo de la sabiduría. Para que una práctica espiritual esté completa debe estar complementada con actividades compasivas en situaciones interpersonales. En el budismo mahayana la meditación y la actividad van de la mano, y no podemos realmente tener una compasión genuina sin sabiduría. Es solo a través del desarrollo de la adecuada sabiduría que seremos capaces de tener compasión y hacer cosas por los demás de una manera que no sea parcial. No se necesita mucho para que seamos compasivos de manera parcial. Por ejemplo, podemos fácilmente sentir compasión hacia las personas que nos gustan o los animales que cuidamos. Pero, idealmente, desde el punto de vista del budismo mahayana, deberíamos ir más lejos; nuestra compasión debería extenderse incluso más allá de nuestros seres queridos, y esto sólo puede hacerse mediante la sabiduría.

Si la sabiduría no está presente en la compasión, la compasión degenerará y se contaminará debido a nuestro egoísmo, sentimentalismo o necesidad. He conocido a gente que tenía *necesidad* de ser compasiva en lugar de *ser* simplemente compasivo. Las actividades compasivas deberían ser más un modo de ser que un modo de hacer. A veces hay grupos de programas que acompañan la totalidad de ideas para realizar acciones compasivas. De manera que la gente aparentemente más compasiva puede a veces ser también la más dogmática. Pero ser verdaderamente compasivo significa que somos capaces de relacionarnos con compasión hacia una amplia variedad de personas; no podemos separar a la gente en categorías de buenos y malos, por lo que las personas que están a nuestro lado son buenos y necesitan nuestro apoyo, mientras que los del otro lado son malas personas y están desquiciándolo todo, por lo que debemos oponernos a ellas. Los activistas sociales, a menudo están en el límite de caer en esta actitud. No todo el mundo es así, pero algunas personas tienen manifestaciones pacíficas que terminan en violencia.

Según el budismo mahayana, cuando un bodhisatva se encuentra con alguien que no comparte sus ideas, personas que piensan de otro modo o hacen las cosas de otra manera, él o ella tratan a pesar de todo mantener una actitud de acercamiento con una mente abierta y comunicarse del mejor modo posible para ayudar a esos seres que podrían ser hostiles incluso. Es importante reiterar que la compasión en el budismo no es algo pasivo. Tal como señalé anteriormente, los occidentales aprecian las emociones que están estrechamente relacionadas con los sentimientos que no podemos dejar de tener –igual que no podemos ayudar cuando tenemos un dolor de muelas. El budismo dice que este no es el caso con las emociones. Una emoción como la compasión es algo activo que podemos elegir experimentar y llevar a la acción. El hecho de que podamos elegir experimentar y ejercitar la compasión es significativo. Como dice Rollo May en su libro "Amor y Voluntad", si un individuo se siente bajo de fuerzas para tomar tales decisiones, es muy difícil para él o ella amar o sentir compasión. El único modo de romper esa sensación de impotencia es aprender cómo amar y cómo sentir compasión. El budismo estaría de acuerdo con eso.

La compasión no debería tener nada que ver con sufrir por los demás, sino que debería surgir de la intención de aliviar el sufrimiento de los demás. La literatura mahayana define el amor o el amor afectuoso como el deseo de que los demás tengan la felicidad y las causas de la felicidad; la compasión se define como el deseo de que los demás se vean libres del sufrimiento y de las causas del sufrimiento. Estas son definiciones muy generales, pero muestran que esta es una manera activa de hacer algo en lugar de permitirnos estar inmersos en la desgracia o la desesperación de los demás, si nos identificamos demasiado con el sufrimiento de los otros, nuestra propia habilidad para ayudarles se verá disminuida. Los psicoterapeutas también han alcanzado este punto: los terapeutas que se identifican en exceso con el problema de sus clientes pueden encontrar que su habilidad para ayudarles se reduce. Por esta razón precisamente el terapeuta está completamente absorto en toda la dinámica de la situación.

Dos Clases de Bodhisatva

Hay dos clases de bodhisatva: el bodhisatva ideal y el bodhisatva que aspira a lograr la iluminación. Los "bodhisatvas ideales" son parte del panteón budista. En el mahayana tenemos muchas imágenes diferentes de seres realizados, mitológicos y reales. Los bodhisatvas mitológicos concretamente son vistos como modelos que encarnan ciertas cualidades del bodhisatva. Así hablamos de bodhisatvas como Avalokiteshvara, (llamado Chenrezik en tibetano), Manjushri y Vajrapani. Un bodhisatva como Avalokiteshvara encarna la compasión y se utiliza como un ejemplo de cómo uno puede desarrollar la compasión. No es que debamos creer en Avalokiteshvara como en un ser real; más bien usamos la imagen de Avalokiteshvara para pensar en cómo podríamos desarrollar este ideal de compasión en nosotros mismos. Del mismo modo, Manjushri encarna la sabiduría. Mediante la visualización de Manjushri y haciendo las prácticas relacionadas con Manjushri, podemos intentar emular las cualidades que este posee. Vajrapani encarna las cualidades de la voluntad, así que esta imagen puede ser utilizada como un antídoto contra la apatía y para incrementar nuestra capacidad para seguir este camino.

El bodhisatva Achala, cuyo nombre significa "Inamovible", es la representación del samadhi o el estado de meditación. Al visualizar e imitar a todos estos bodhisatvas, los estamos utilizando como antídotos a nuestra tendencias habituales. De este modo, Manjushri se convierte en un antídoto contra la ignorancia, Avalokiteshvara contra el egoísmo, Vajrapani contra la apatía y Achala contra la distracción o la mente agitada. Estos son los bodhisatvas ideales.

El otro tipo de bodhisatva corresponde a la idea de que todo el mundo tiene la capacidad para estar iluminado, para convertirse en un bodhisatva. Estos bodhisatvas deberían distinguirse porque pueden ser confundidos especialmente por la gente recién llegada a quienes se les ha dicho que están esos bodhisatvas que se supone que están realizados, y después también se les dice que emulen el comportamiento del bodhisatva y que llegarán a ser un bodhisatva ellos mismos.

Los bodhisatvas que son imágenes ideales ya encarnan todas las cualidades del bodhisatva o al menos alguna de ellas. Pero los que pertenecen al segundo tipo de bodhisatva necesitan cultivar las cualidades que ellos no poseen. Dentro de este segundo grupo hay dos clases: Los que ya se han embarcado en el sendero del bodhisatva y los que son bodhisatvas potenciales de manera que, si se dan las condiciones adecuadas, pueden llegar realmente a ser bodhisatvas.

Llegar a Ser un Bodhisatva

Entonces, ¿cómo llega uno a ser un bodhisatva? Sólo hay una condición necesaria y suficiente que es generar la *bodhichita* o "el corazón de la iluminación". *Bodhi* quiere decir "iluminación" y *chitta* significa "corazón".

La bodhichita tiene también dos aspectos: uno sería el aspecto relativo y el otro el aspecto último. La bodhichita última se refiere a la naturaleza de la mente misma, o lo que llamamos la naturaleza de Buda. (Vendrá una explicación posterior de ello). La bodhichita *relativa* es el cultivo y generación de la compasión. Para desarrollarla no es suficiente con pensar: "De ahora en adelante, trataré de hacer todo lo mejor para generar compasión y superar mi egoísmo porque no es sólo beneficioso para los demás sino que también lo es para mí mismo". Tenemos que hacer un compromiso formal que se conoce como la toma de los votos del bodhisatva. Como sabemos, vivir con alguien durante muchos años en una relación de hecho es diferente de firmar en el contrato. De algún modo eso marca una diferencia; supongo que es porque cuando hacemos un compromiso formal en público en vez de simplemente decirnos algo a nosotros mismos mentalmente, hay un aspecto de promesa en ello. Y cuando prometemos algo puede haber más posibilidades de que sigamos adelante. Por eso la bodhichita se despierta haciendo un compromiso formal.

Tras hacer dicho compromiso, las enseñanzas mahayana dicen: "El bodhisatva no debería tener prisa en alcanzar la iluminación. Tenemos la habilidad de posponer realmente nuestra propia iluminación tanto como sea necesario porque, como bodhisatvas, sentimos que es mejor para los demás alcanzar la iluminación antes que nosotros mismos. No tenemos sentimientos de urgencia y podemos decir: "Trabajaré por el beneficio de los demás; quiero que los demás alcancen la iluminación antes que yo".

En alguno de los libros sobre budismo escritos por eruditos occidentales y practicantes, hay algún problema con esta idea. Por ejemplo, Peter Harvey, el autor de "Una Introducción al Budismo", pregunta: "Si un bodhisatva no es lo mismo que un buda, ¿cómo es posible que tal persona lleve a los demás al estado iluminado, incluso aunque tenga el deseo de hacerlo? El bodhisatva puede estar engañado pensando que él o ella tiene la capacidad de hacerlo, pero ser capaz de llevar a los demás a la iluminación implica estar en posesión de ciertas habilidades". El libro "Budismo Mahayana" de Paul Williams, plantea una cuestión diferente: "¿No es algo problemático hablar de posponer la iluminación? Ya que entonces surge la posibilidad de que sería mejor no embarcarse en el sendero del bodhisatva si, al hacerlo, los demás alcanzarán la iluminación mientras que tú, como bodhisatva, todavía permaneces en la condición samsárica".

La cuestión no es coger todas esas posiciones de una manera demasiado literal sino entenderlas en relación a la actitud. Al desarrollar la infinita compasión que un bodhisatva es capaz de desarrollar, uno se acerca a la iluminación, mientras que sin esa clase de compasión la iluminación está muy lejos. Incluso si alguien quiere desesperadamente llegar a la iluminación, es incapaz de hacerlo.

Chogyam Trungpa Rinpoche dio una imagen muy gráfica al respecto. Dijo que embarcarte en el sendero del bodhisatva de manera correcta es como montarte en un vehículo que está preprogramado para llevarte a tu destino incluso aunque no quieras ir allí. Pienso que es así. Si tienes la actitud correcta alcanzarás la iluminación a pesar de ti mismo. Esta es realmente la actitud mahayana tal como se ha transmitido oralmente. Pero si te quedas limitado a los textos en los que no se dice de manera explícita que así es como uno aborda el sendero del bodhisatva, puedes tomarlo todo de una manera demasiado literal.

Shantideva dice en el primer capítulo del *Bodhisatvacharyavatara*: "Pueda yo ser un refugio para los que no tienen hogar; Pueda ser comida para los hambrientos; pueda convertirme en un puente para los que desean atravesar las aguas turbulentas". Obviamente Shantideva no está deseando ser un mago que, literalmente, pueda hacer esas cosas.

Una vez dicho esto, debo añadir que lo que significa esto en realidad es que llevar a cabo actividades compasivas por los demás, debería ir más allá de las actividades físicas como dar comida a los hambrientos. Por supuesto, siempre que nos sea posible, debemos tratar de hacer esas cosas. Pero siempre que sea imposible hacerlas realmente no deberíamos pensar: "una mera actitud mental no aliviará el sufrimiento de los demás sino tengo los medios físicos para hacerlo.

Mi esfuerzo no tendrá efecto, así que es una pérdida de tiempo". No deberíamos abandonar la práctica. Desear que los etíopes, por ejemplo, pudieran mitigar su sufrimiento puede tener un enorme efecto beneficioso, incluso aunque físicamente nada ha cambiado para los etíopes. En realidad, es la actitud lo que es lo más importante. Si tenemos la actitud correcta, – una surgida de la sabiduría– cualquier acción que iniciemos debida a la compasión será efectiva y será acorde a la situación. Pero si carecemos de dicha visión abierta y amplia, incluso aunque estemos muy concienciados del bienestar social y la justicia, nuestra actitud puede estar teñida o contaminada por nuestros propios engaños y oscurecimientos mentales.

Realizar Sabiduría y Compasión

La Bodhichita y las Paramitas

Hemos visto que el concepto de bodhisatva en el budismo mahayana es la imagen ideal de un practicante espiritual, que todos los practicantes deberían tratar de emular. Ahora veamos en más detalle cómo se culmina el modo de vida del bodhisatva.

En el capítulo 6, he mencionado brevemente la generación de la bodhichitta o el corazón de la iluminación. La bodhichitta tiene dos aspectos: El aspecto absoluto se refiere a la naturaleza de la mente que ya es inherente en todos los seres vivos y el aspecto relativo hace referencia a la compasión. El primero de estos, el aspecto absoluto, está más relacionado con la sabiduría, mientras que el aspecto relativo está más en sintonía con la compasión. Si queremos alcanzar la iluminación, a través del hecho de convertirnos en un bodhisatva, es necesario actualizar la sabiduría y la compasión. Esto se consigue mediante la práctica de lo que se conoce como *las Seis Paramitas o "acciones transcendentales"*.

"Para" en sánscrito significa literalmente "la otra orilla". Aquí quiere decir ir más allá de tu propia noción del yo. Desde el punto de vista del budismo en general, y desde el punto de vista del mahayana en particular, si queremos progresar adecuadamente en el camino, necesitamos ir más allá de nuestra comprensión convencional del yo. Así, cuando decimos que paramita significa "acción transcendental" lo decimos en el sentido de que las acciones o actitudes se

realizan de una manera no egoísta. "Transcendental" no se refiere a alguna realidad externa, sino más bien al modo en el que dirigimos nuestras vidas y percibimos el mundo –ya sea de modo egoísta o no egoísta. Las seis paramitas tienen que ver con el esfuerzo de dar un paso fuera del egoísmo mentalmente. En este capítulo explicaré las cuatro primeras paramitas –generosidad, preceptos morales, paciencia y energia o vigor– que tienen que ver con nuestras acciones físicas y están relacionadas con el dominio moral. La práctica de las dos últimas paramitas –meditación y sabiduría– son relativas a la mente, y estas paramitas son el tema del capítulo 8.

Generosidad *(Dana)*

La primera paramita es "*dana*" en sánscrito, que quiere decir generosidad. *Los bhumis del bodhisatva*, un texto muy importante mahayana, la define como: "Una mente desapegada y espontánea que dispensa los dones y requerimientos influenciado por ese estado mental". La esencia de la generosidad es dar sin ningún tipo de apego o expectativas, sin pensar recibir algo a cambio. Es hacer algo de modo puro por el beneficio del otro, sin condiciones.

En la tradición mahayana, la generosidad tiene tres aspectos. El primero es practicar la generosidad a nivel material. Esto significa que somos capaces de agrandarnos y que no nos molesta ayudar a la gente en sus necesidades, y que no estamos tan aferrados a nuestras posesiones que no podemos compartirlas. Este tipo de generosidad funciona a nivel físico aliviando el dolor físico de las personas y la privación.

El siguiente aspecto es practicar la generosidad dando protección, protegiendo la vida de los demás. Quiere decir que si otros están en peligro no nos molesta ayudarles, no nos quedamos quietos. Si una persona está atrapada en una casa en llamas, debemos actuar para salvarla. Si sospechamos que el niño de la puerta de al lado está sufriendo abusos, no pensamos que ese niño no es nuestro y que, por lo tanto, no tenemos responsabilidad; actuamos para protegerlo.

La cuestión, al menos para los bodhisatvas, es que debemos hacer todo lo que podamos en un momento dado para salvar una vida. Esto va incluso más allá porque no es sólo la vida humana la que hay que salvar sino la de todos los seres sintientes. Por lo tanto, si un bodhisatva moderno aquí en Australia, donde yo vivo, va conduciendo por la carretera y accidentalmente golpea a un canguro, no debería "salir disparado", como suele decirse, sino que debe parar y hacer algo para salvar la vida del animal. Dar protección se conoce como la generosidad de la intrepidez.

El tercer tipo de generosidad es el de dar enseñanzas espirituales y consejo. En la literatura mahayana se dice claramente que esto tiene tres aspectos: El primero es el objeto de la generosidad; la persona hacia quien podríamos dirigir dichas enseñanzas. Esta persona necesita estar interesada en recibir dichas enseñanzas o consejos. Si alguien no está interesado, entonces no importa lo mucho que hablemos, no importa lo mucho que queramos darle el consejo, no lograremos nada. Así que no vayamos por ahí diciendo: "Avón llama a su puerta". La gente diría: "Lárgate, no quiero escucharte". ¿Para qué vamos a insistir? Pero si una persona tiene la mente abierta, entonces la situación es factible. Así que, el objeto o la persona hacia la que se dirigen las enseñanzas debería ser tenida en cuenta.

El segundo aspecto es la intención. Cuando queremos impartir enseñanzas o dar consejos, debemos hacerlo con una intención pura, no estar manchados por el pensamiento de que somos mejores o sabemos más que la persona a quien intentamos ayudar. La motivación del maestro debería ser pura y estar libre de engaños.

El tercer aspecto es el modo de impartir el Dharma. En *Los bhumis del bodhisatva*, dice Asanga: "Hacer el regalo del Dharma significa explicarlo de un modo lógico y no de manera distorsionada, y hacer que el discípulo asiente firmemente las bases del adiestramiento en su interior". Deberíamos dar consejos espirituales a los demás de una manera coherente, lógica y elocuente y de manera que no dé paso a reacciones emocionales fuertes, ya que eso sólo incrementaría los engaños que ya están presentes en las personas que reciben las enseñanzas.

Preceptos Morales *(Shila)*

La segunda paramita se llama "shila" –tsültrim en tibetano– o ética. Una traducción mejor sería "preceptos morales", porque todas las paramitas tienen que ver con la ética o la moralidad, no sólo shila. La característica distintiva de la paramita shila es que concierne a tomar ciertos preceptos. En la tradición mahayana, se dice que sin los preceptos somos como una persona sin pies –no podemos tener un punto de apoyo, no podemos estar de pie sobre el suelo. Como dice un sutra mahayana: "De la misma manera que no puedes caminar sin pies, no puedes llegar a liberarte si careces de la ética o preceptos morales". En tibetano "tsültrim" siempre se refiere a *tsültrim che kangpa*, que quiere decir "la base de los preceptos morales". Así que shila es visto como la base que nos asienta en nuestra práctica espiritual o nos conecta con la tierra.

La paramita de los preceptos morales tiene tres aspectos. El primero se refiere a refrenarse, como en los preceptos en contra de matar o mentir. Es importante no sucumbir ante dichos impulsos y actuar en base a ellos; debemos ejercitarnos en algún tipo de control.

El segundo aspecto de los preceptos es "acumular virtud", lo que significa que no es suficiente únicamente con refrenarse de las formas negativas de actuar. Una vez practicado el control uno debe implicarse en acciones positivas. Por esta razón se nos aconseja implicarnos en actitudes mentales saludables como la contemplación en el amor, la compasión y el afecto, e intentar no caer en emociones negativas como la amargura, el resentimiento, la hostilidad o el odio. El término tibetano es *gewa chödü. Gewa* quiere decir "saludable" y *chödü* quiere decir "acumular". Así que, acumulamos en nosotros todo lo saludable y positivo.

El tercer aspecto del precepto es actuar en beneficio de los demás y no sólo en el nuestro. Lo que distingue la idea mahayana de los preceptos es el énfasis en beneficiar a los demás. En la tradición mahayana sin embargo, los preceptos no son seguidos ciegamente; no tienen nada que ver con leyes o normas. Es una idea mahayana que no hay algo así como principios morales absolutos. Los preceptos deberían seguirse de manera hábil en lugar de ciegamente, lo cual está conectado con la idea mahayana de *upaya*; "medios hábiles".

Los preceptos tampoco deberían seguirse por miedo a un castigo o por esperar una recompensa. Esto se deja muy claro en otro sutra: "Los preceptos morales no se deben observar en aras de un rey, por el gozo del cielo o la posición de Indra, Brahma o Ishvara [es decir, para lograr los poderes de los dioses]; ni por disfrutar de riquezas ni por el mundo de la forma u otras experiencias. No son observados debido al temor de los infiernos o el renacimiento como animal o en el mundo de Yama. Al contrario, la ética o los preceptos morales son observados para llegar a ser como los Budas y llevar felicidad o beneficio a todos los seres". El budismo mahayana diría que seguir los preceptos morales para obtener una recompensa o por miedo sería, de hecho, transformarlos en un acto inmoral.

Paciencia *(Kshanti)*

La siguiente paramita es la paciencia (ksanti), que se entiende como un antídoto a la ira, la frustración, el resentimiento, hostilidad y demás. Una mente impaciente se vuelve víctima de esas emociones. Como dice Shantideva en el *Bodhisatvacharyavatara*: "Cuando uno adopta una actitud teñida por la picadura de la malevolencia, la mente no experimenta paz. Dado que uno no encuentra gozo y felicidad, no se puede dormir y no se descansa". Si hay odio en la mente de manera que es dominada por sentimientos de resentimiento e ira, como dice Shantideva, ni siquiera podemos dormir adecuadamente. Shantideva sigue diciendo: "En resumen, no hay tal cosa como la ira en la felicidad; así pues, cuando nos sentimos felices no hay ira. La ira y la felicidad no pueden coexistir".

Si vamos a vencer el sufrimiento –que es el objetivo último del budismo– debemos vencer las tendencias negativas de la mente, porque los estados mentales positivos como la paz y la felicidad no pueden coexistir con las tendencias negativas. Por lo tanto, es importante desarrollar paciencia. No es suficiente con reconocer únicamente los efectos nocivos que estas tendencias negativas tienen en nuestras vidas. Necesitamos activar la práctica de la paciencia para vencerlas.

Shantideva dice también: "No hay tal cosa como la ira en la felicidad; El amigo se cansa de uno, y a pesar de que los agasaje con su generosidad, ellos no se quedan con él". Mientras no cambiemos nuestras formas, podemos tratar de engatusar a la gente con regalos para mostrarles nuestro afecto, pero no se dejarán engañar y dejarán de ser nuestros amigos. Así que la ira tiene toda clase de consecuencias negativas, no solo en lo que respecta a la práctica espiritual sino también en nuestra vida en general.

La práctica de la paciencia tiene tres aspectos. El primero tiene que ver con lidiar con la gente que nos perjudica; el segundo con trabajar con las situaciones difíciles y el tercero con investigar el conjunto de la realidad. Primero el bodhisatva tiene que aprender cómo hacer frente a las personas que tienen personalidades difíciles, que son agresivas, molestas e irritantes. Según muchas enseñanzas mahayana el mejor modo de hacerlo es comprender que, si alguien está completamente dominado por la ira, deberíamos pensar en esa persona como en alguien que es mentalmente inestable o bajo la influencia del alcohol y por lo tanto no tiene el control. Si actuamos del mismo modo en que lo hace la otra persona, no solucionaremos nada. Por lo tanto necesitamos revisar la situación correctamente y actuar con sensibilidad.

El segundo aspecto tiene que ver con trabajar con las situaciones difíciles. Incluso cuando nos encontramos con ellas, no deberíamos caer en la desesperación o la frustración. Necesitamos darnos cuenta de que la vida no es fácil, que la dificultad es parte de la vida; no deberíamos pensar que todo va como una seda o que las cosas vendrán sin que hagamos esfuerzo alguno. Cuando surgen las dificultades, deberíamos tratar de ejercitar la paciencia y la tolerancia, mantener nuestra mente lúcida y que no nos influya la desesperación y el descorazonamiento.

El tercer aspecto se denomina "investigar el conjunto de la realidad", que explicaremos más adelante en la paramita de la sabiduría. Lo que esto significa, brevemente, es que el bodhisatva debería tener la comprensión de que todo surge en base a causas y condiciones. Las dificultades que experimentamos no son permanentes, porque todo depende de causas y condiciones y es transitorio. Por lo tanto, necesitamos no quedarnos muy aferrados u obsesionados con los problemas que experimentemos en un momento dado.

Vigor *(Virya)*

La siguiente paramita se denomina Virya, a menudo traducido como "esfuerzo"; Pero pienso que "vigor" es mejor porque pienso que "esfuerzo" puede sonar como ¡simple trabajo duro! Pero si tenemos vigor, no necesitamos hacer ningún esfuerzo. Por ejemplo, podemos hacer un esfuerzo para sacar la basura, mientras que una persona con vigor puede hacerlo sin esfuerzo. Con vigor no necesitamos acobardarnos o atascarnos o deprimirnos; no nos quedamos sin energía.

Un sutra mahayana dice: "La insuperable y perfecta iluminación no es difícil para aquellos que hacen el esfuerzo, porque allí donde hay esfuerzo hay iluminación". Incluso lograr la iluminación, si hay esfuerzo, no es tan difícil. Si hay un sentimiento de vigor, entusiasmo y energía las cosas no suponen una dificultad. Otro sutra dice: "La iluminación es fácil para quien trabaja duro". Lo que dejan claro estas citas es que si ponemos nuestra mente en ello, lograremos resultados. Si los bodhisatvas ponen su mente en lograr la iluminación, el objetivo no está tan lejos, y esto es igualmente cierto para todos nosotros.

La paramita del vigor actúa como un antídoto contra la pereza. En las enseñanzas se reflejan tres tipos de pereza: La primera es la pereza resultante de la inactividad o de la falta de interés, pensando que no puedes ser molestado. Podrías decir: "¿Cuál es la cuestión? ¿Para qué hacer nada?" así que te quedas tres días seguidos en la cama, se amontona la fregadera y demás. El segundo tipo de pereza surge de la falta de confianza, de pensar: "¿Cómo una persona como yo va a lograr nada? Incluso si lo intentara no funcionaría". El fracaso se ha colocado delante incluso antes de que suceda. Con esta actitud impedimos cualquier clase de éxito que pudiéramos tener. La última clase de pereza tiene que ver con el exceso de actividad, estar siempre ocupado haciendo esto o lo otro, trabajando en tres trabajos diferentes. Cuando no tienes nada que hacer, haces una llamada telefónica o visitas a alguien. La constante agitación impide que culminemos cualquier cosa. Necesitamos practicar la paramita del vigor para superar estos tipos de pereza.

También hay tres tipos de vigor. El primero se llama "el vigor que es como una armadura" Esto significa que, conscientemente, tomamos la decisión de que, hasta que logremos nuestro objetivo, no nos permitiremos desviarnos de él. Esta decisión se toma con fortaleza de ánimo, de este modo no hay distracción.

El segundo es el vigor del "trabajo aplicado" y está asociado a la parte física. Habiendo hecho tal compromiso, necesitamos implicarnos en "upaya" o los medios hábiles. Ciertas tendencias negativas pueden tener un efecto limitador, mientras que las tendencias positivas tienen un efecto de apertura. Algunos atributos conductistas pueden parecer similares, por lo que, inicialmente, no podemos diferenciarlas con claridad, pero con la práctica, un bodhisatva es capaz de discernir las diferencias. Por ejemplo, la arrogancia y la autoestima pueden parecer similares pero en realidad son muy diferentes. La arrogancia es una visión estrecha de uno mismo, mientras que la autoestima puede incrementarse y expandirse. La agresión puede ser vista como una autoafirmación y el aferramiento como afecto; la indiferencia puede confundirse con ser desapasionado y la autoindulgencia confundida con la autorreflexión. Gradualmente, mediante la interacción con los demás y la práctica de las paramitas, los bodhisatvas llegan a ver lo que es habilidoso y beneficioso en el trato con los demás.

El último aspecto del vigor o esfuerzo es "el contentamiento". El budismo habla con frecuencia de vencer la insatisfacción y el descontento, como si esas experiencias fueran siempre indeseables. En ciertos contextos, sin embargo, el descontento es necesario. No importa lo que hayamos logrado en el pasado por lo que nos debamos sentir justificadamente orgullosos, no deberíamos sentirnos satisfechos con eso sino que tenemos que buscar desarrollarnos y mejorar todavía más. Esto es un proceso continuo. Deberíamos tener el entusiasmo de querer ir más y más allá en la relación con los demás y progresar en un nivel espiritual y psicológico. Nuestras experiencias normales de sentirnos insatisfechos, de no sentirnos completos, de la pobreza total, carestía, o un sentimiento de vacío, pueden y deben ser sublimados a experiencias espirituales. No deberíamos sentirnos nunca satisfechos con nuestro progreso espiritual pensando: "Eso ya lo haré" o "hasta aquí es suficiente". Deberíamos sentirnos "hambrientos" siempre por profundizar, elevar y enriquecer las experiencias del camino.

El Vínculo entre Sabiduría y Compasión

La Paramita de la Meditación y Las Nueve Etapas al Shamatha

La idea mahayana de las seis paramitas no es diferente del Noble Óctuple Sendero del budismo original. Ambas prácticas enfatizan cultivar la compasión y la sabiduría alcanzados mediante los tres adiestramientos de *shila, samadhi y prajña* –moralidad, meditación y sabiduría. Mediante el desarrollo de nuestra moralidad podemos hacer surgir la compasión y a través de la meditación podemos cultivar la visión o sabiduría.

Si un practicante se implica en la meditación y desarrolla sabiduría pero es incapaz de desarrollar compasión aparece un problema. A través de la sabiduría podemos ser capaces de comprender la naturaleza del yo y tener cierto entendimiento de la realidad, pero sin compasión somos incapaces de estar en el mundo e interactuar con otros seres vivos. De manera similar, la compasión sin sabiduría nos capacita para interactuar con otros seres vivos, pero esa ausencia de sabiduría provoca que la interacción esté contaminada con suciedad, engaños e ilusiones. La paramita de la meditación es el vínculo entre la sabiduría y la compasión. Practicar las cuatro primeras paramitas de una manera no egoísta es algo muy difícil sin la práctica de la meditación. También es cierto que, sin la práctica de la meditación, es prácticamente imposible desarrollar sabiduría. Por consiguiente la meditación es la clave para el desarrollo personal y los avances en el sendero espiritual.

En occidente, lo que la meditación significa y las razones para practicarla se entienden de muchas maneras diferentes. La meditación ha llegado a ser bastante popular. Muchas personas, especialmente en las profesiones del ámbito sanitario, reconocen ahora sus beneficios. Algunas personas piensan que meditar les ayudará a tener una vida más larga, prolongar su juventud, perder peso, dejar de fumar y demás. La meditación puede hacer todo eso, pero en las tradiciones orientales como el budismo o el hinduismo tiene un sentido más profundo. La meditación no se practica por una razón específica como reducir el estrés, aumentar la concentración para la práctica de un deporte o lidiar con la ansiedad. Tiene que colocarse dentro del contexto global de cómo vivimos nuestras vidas y de cómo percibimos el mundo; esto sólo puede ser proporcionado por cierta clase de perspectiva filosófica o religiosa.

Mucha gente se asusta con el concepto de religión y dice: "Quiero aprender cómo practicar la meditación, pero por favor, ahórrate ese galimatías oriental. Estoy dispuesto a hacer los ejercicios de respiración y cualquier otra cosa que me indiques". En la tradición oriental, la práctica de la meditación tiene que ver con transformarnos de una manera sustancial, no sólo en transformar un aspecto de nuestro yo. Al transformarnos somos capaces de tratar con cualquier cosa que suceda en nuestras vidas de una manera adecuada y significativa.

Meditación es *samadhi* o *dhyana* en sánscrito, y *samten* en tibetano. En chino ha sido traducido como ch´an y en japonés es comúnmente conocido como zen, que es una corrupción del término chino. *Samten* en tibetano, básicamente significa "mente estable". "sam" puede significar también "mente" o "pensar" y "tem" quiere decir "estable". La mente que no se distrae fácilmente, que puede permanecer enfocada y concentrada, está en meditación. En occidente, la meditación puede hacer referencia a pensar o ponderar un problema, pero en las tradiciones orientales se refiere a la mente no distraída, la que es capaz de enfocarse en el objeto de meditación.

Vimos en el capítulo tres que en el budismo hay dos clases diferentes de meditación. La meditación de la calma mental o *shamatha* en sánscrito, llamado *shine* en tibetano, que quiere decir "morar en paz".

La meditación de la visión o vipashyana en sánscrito, es lhakthong en tibetano, que quiere decir "visión superior".

Empezamos con el aspecto de shamatha o la permanencia apacible, porque sin tranquilidad la visión superior no puede desarrollarse. A veces la meditación de la visión se traduce como meditación analítica, lo que puede sugerir que tiene algo en común con lo que normalmente entendemos por meditar en un problema concreto. Pero a pesar de que implica el uso de pensamientos y conceptos, éstos se consideran en función de cómo estos pensamientos y conceptos surgen en la mente.

En la meditación de la permanencia apacible o calma mental no nos ocupamos de pensamientos y conceptos. Esto no significa que debiéramos rechazarlos o suprimirlos. Deberíamos tomar nota de ellos mientras aparecen, dándonos cuenta de que están presentes para después intentar deshacernos de ellos. No utilizamos los pensamientos del mismo modo en la meditación de la tranquilidad que en la de la visión. Deberíamos entender desde el principio qué actitudes nos dificultan o nos ayudan en nuestro progreso en la meditación de la tranquilidad.

Principios de la Práctica

La meditación shamatha en sí no tiene una única práctica; de hecho existen una gran variedad de acercamientos. Según las tradiciones budistas en general, como una parte para crear las condiciones adecuadas para que surja la tranquilidad, es importante que el meditador refrene los sentidos, el apego a la comida y cualquier cosa que tenga el potencial de perturbar o de aturdir la mente. Manteniendo esta clase de compostura, el meditador debería colocarse confortablemente adoptando lo que se conoce como "la postura en nueve puntos de Vairochana". Es recomendada como la postura más beneficiosa para meditar. Es una postura con las piernas cruzadas, con las manos descansando una sobre la otra en el regazo o en las rodillas, los hombros ligeramente estirados, la cabeza ligeramente inclinada hacia delante, la columna totalmente estirada, como una flecha, la mirada dirigida hacia abajo y concentrada en la punta de la nariz, la boca ligeramente abierta, la punta de la lengua tocando el paladar y la respiración uniforme y relajada. La implicación es que uno debería resistirse y desistir de introducir modificaciones en la postura. Este puede ser un punto importante, viendo del hecho que muchos occidentales han empezado a adaptar las posturas de meditación para encajarlas en sus propias preferencias. Quizá en este caso, las preferencias de un individuo no deben ser consideradas (a menos que, por supuesto, haya un impedimento físico de alguna clase).

Habiendo adoptado la postura de Vairochana, el meditador enfoca su mente en la respiración. No tiene por qué ser la respiración; podríamos utilizar otros objetos de concentración como la imagen del Buda. Sin embargo, el uso de la respiración para este propósito, es visto por los budistas, sin importar la tradición, como la opción más práctica y efectiva. Se debería respirar de modo natural, sin esfuerzo y evitando respirar haciendo ruido, sin estrés indebido ni tensión, o de una manera demasiado superficial. Si el meditador persiste en el Shamatha, aprendiendo a coordinar la respiración, su mente llegará a estar más tranquila y estable.

En el curso de la meditación de Shamatha, el meditador necesita familiarizarse con lo que se conoce como los antídotos. Dichos antídotos se utilizan para contrarrestar ciertos obstáculos conocidos a la meditación. Así que el meditador, en este punto, debe conocer cuáles son dichos obstáculos y cuáles son los antídotos para ellos también. ¿Cuándo deberíamos recurrir a los antídotos y cuándo deberíamos dejar de hacer uso de ellos? Saber cuándo utilizar los antídotos es tan importante como saber cuándo no hacerlo.

Obstáculos a la Meditación

Hay cinco obstáculos o faltas, y nueve etapas que aplicar en la meditación de la tranquilidad. (Los cinco obstáculos del Mahayana son diferentes de los cinco obstáculos que explicamos en el capítulo tres, en relación al primer budismo). La primera falta es la pereza; la segunda el olvido; el tercero el hundimiento; el cuarto la no aplicación; y el quinto la sobreaplicación. De los ocho antídotos, cuatro son para el obstáculo de la pereza: convicción, aspiración, la aplicación o vigor, y la flexibilidad de cuerpo y mente. Para trabajar con el segundo obstáculo, el olvido, utilizamos el antídoto de la atención. El tercer obstáculo, el hundimiento y la excitación (se cuentan como uno) tiene el antídoto de la vigilancia. El cuarto obstáculo es la no aplicación, para el que, obviamente, el antídoto es la aplicación. El quinto obstáculo es la sobreaplicación; para contrarrestarlo, recurrimos al antídoto de la ecuanimidad.

El Mahayana-vibhanga dice: "Todas las metas pueden lograrse estableciéndose en la tranquilidad y haciendo la mente flexible, abandonando las cinco faltas y empleando los ocho antídotos. Establecer la mente en la tranquilidad es la causa; la tranquilidad es el efecto. Recordar el beneficio de la tranquilidad, detectar la pereza y la agitación, abandonar las faltas y obstáculos, aplicar los antídotos, alcanzar la tranquilidad –estos son los ocho antídotos." Este texto utiliza con una ligera diferencia los términos para expresar la importancia de poder trabajar con estos cinco obstáculos aplicando los ocho antídotos. Los meditadores que no han desarrollado la habilidad de detectar los obstáculos, o que han detectado los obstáculos pero no han sido capaces de aplicar los antídotos, son privados de la experiencia de la tranquilidad.

La Pereza

Hay tres tipos de pereza, –el primer obstáculo. El primero surge de las actitudes derrotistas, como pensar que no tenemos la capacidad para mejorar mediante nuestro propio esfuerzo. Pensamos que los obstáculos son tan insalvables que es imposible hacer ningún progreso por nosotros mismos. El segundo tipo de pereza es el que surge de nuestros patrones habituales. Incluso si tenemos el deseo de meditar y comprendemos que es muy útil, debido a que llevamos un cierto estilo de vida, o por las compañías que mantenemos el tipo de propensiones internas que pueden estar presentes, no somos capaces de vencer esos obstáculos. El tercer obstáculo es la falta de interés. Pensamos: "¿Cuál es el punto de la meditación? No es que vaya a cambiar mucho las cosas en realidad y después de todo seguiré siendo el mismo". En este modo de pensar, la meditación se percibe como una pérdida de tiempo.

Para superar estos tres tipos de pereza, aplicamos cuatro antídotos diferentes. El primero es la convicción, que significa que reflexionamos en nuestra situación y pensamos en los beneficios de la meditación. Miramos hacia el daño continuo que creamos al no meditar y comprendemos cuánto sufrimiento se genera a través de la ausencia de atención y vigilancia. Por ejemplo, podemos observar cómo, en un momento de ira, reaccionamos ante la gente o las situaciones de una manera de la que después nos arrepentimos, deseando haber podido detenernos.

En el budismo, hablamos de tres puertas a través de las que creamos efectos kármicos: cuerpo, palabra y mente. Podemos comprender cuánto daño se ha creado con la ausencia de atención, ya sea física, verbal o mental. Si la atención y la vigilancia hubieran estado presentes no tendríamos que arrepentirnos de las cosas destructivas que hicimos, dijimos o pensamos. Muchos psicólogos llaman ahora a la ira extrema, la hostilidad y los celos "emociones tóxicas". En el budismo tibetano estas emociones se denominan "venenos", así que el significado es similar.

La gente hoy puede estar muy confundida sobre las emociones, porque se nos dice a veces que es bueno afirmarnos a nosotros mismos y ser "alguien". Por otro lado, cuando actuamos de manera agresiva, podemos ser castigados o denigrados por ello. Lo mismo puede decirse de los celos. En algunas ocasiones, si no demostramos celos, nuestras parejas podrían acusarnos de no quererlos lo suficiente. Pero en otras situaciones, una demostración de celos puede producir como respuesta acusaciones y posesividad. Todas estas emociones pueden tener un efecto tóxico, y es importante comprender cómo podemos controlarlas a través de la práctica de la meditación, llegando a estar más enfocado y atento. Por lo tanto, necesitamos desarrollar convicción –el primer antídoto. La convicción puede surgir sólo si estamos convencidos de los beneficios de la meditación y del daño que las emociones aflictivas producen en una mente distraída y confusa.

Una vez se ha desarrollado la convicción, tenemos que seguir cultivándola con lo que se llama la aspiración. Si tenemos una convicción total de que la meditación funciona, y que debemos mantenerla como parte de nuestra práctica, entonces la aspiración a querer practicar surge de un modo más natural que si no tenemos convicción y nos aproximamos a la meditación con poco entusiasmo. Cuando la aspiración está presente, el tercer antídoto contra la pereza –el vigor– puede ser aplicado. Cuando hay convicción e inclinación, no es difícil para nosotros sentir entusiasmo hacia la práctica de la meditación y un sentimiento de vigor aparece fácilmente como resultado del desarrollo de la aspiración.

Todo este proceso nos lleva al antídoto final, que es la flexibilidad de cuerpo y mente. Cuando no meditamos, la mente y el cuerpo pueden volverse rígidos. La postura y la expresión facial pueden volverse rígidos, los músculos están tensos y tirantes y, consecuentemente, la mente se hace más rígida e inflexible. Mediante la práctica de la meditación y la aplicación de los antídotos, el cuerpo y la mente se vuelven flexibles. Esto conduce al desarrollo de un estado mental tranquilo.

El Olvido

El segundo obstáculo o falta es el olvido, cuyo antídoto es la atención. Esta se desarrolla en un principio enfocando la mente en un objeto externo. A los meditadores se les aconseja en principio meditar en un objeto pequeño, como un guijarro o un trozo de madera y anclar la atención a dicho objeto. Tras un periodo de tiempo el enfoque y la atención deben trasladarse a la respiración. Al principio esto puede hacerse contando las respiraciones –contando hasta cinco, cincuenta o lo que sea– luego volver y empezar otra vez, repitiendo el proceso una y otra vez. De vez en cuando, el proceso mental de pensamientos y emociones que surgen en la mente se pueden utilizar como objetos de meditación. Por supuesto que podemos practicar la atención en la vida diaria también –mientras conducimos, lavamos los platos, sacamos a pasear al perro. Si somos capaces de enfocar la mente en lo que sea que estemos haciendo, esto es considerado parte de la meditación.

El Hundimiento y La Agitación

El tercer obstáculo es el hundimiento y la agitación, y estos se cuentan como uno. Para contrarrestar estas dos tendencias, aplicamos la vigilancia. Así como empezamos a desarrollar y cultivar la atención en referencia a los objetos externos, enfocando nuestra mente en la respiración, en nuestros procesos mentales y demás, se vuelve factible practicar la atención. Sin vigilancia es imposible ser consciente de estos dos obstáculos fundamentales a la meditación, el hundimiento y la agitación mental. Incluso aunque no aparezcan en la mente pensamientos perturbadores particulares, o no estén presentes emociones fuertes y violentas y haya una aparente calma, no hay una verdadera sensación de claridad. La mente está hundida o embotada, lo quc puede llevarla a un sentimiento de adormecimiento. Esto es más difícil de detectar que la agitación mental, la incesante cháchara y diálogos internos y la violenta aparición de las emociones que pueden interrumpir nuestro estado meditativo. La vigilancia debe ser aplicada para detectar si están presentes tanto el hundimiento como la agitación mental.

La No Aplicación o La Sobreaplicación

El cuarto obstáculo es la no aplicación, que quiere decir que somos incapaces de aplicar los antídotos: cuatro en relación a la pereza, uno en cuanto al olvido, y uno para el hundimiento y la agitación. Necesitamos esforzarnos en hacer uso de esos antídotos siempre que sea adecuado.

El quinto obstáculo es la sobreaplicación. Tras practicar durante cierto periodo de tiempo, podemos encontrar que, incluso cuando no es necesario, debido a nuestra costumbre todavía seguimos aplicando los antídotos en lugar de permitir que la mente esté en un estado natural de tranquilidad. Por consiguiente, el antídoto de la ecuanimidad se debe usar aquí.

Así es como se relacionan los ocho antídotos con las cinco faltas u obstáculos. Obviamente la práctica de la meditación es un proceso muy largo y arduo; puede que no sea siempre placentero y no nos dirige necesariamente a una experiencia de gozo duradero. Como dijo Saraha, el famoso mahasidha (yogui tántrico) indio: "Cuando aplico un gran esfuerzo y me mantengo atado al objeto, me agito; cuando utilizo menos esfuerzo me vence el hundimiento. Es muy difícil equilibrar estas dos tendencias. Cuando me implico en la meditación mi mente se inquieta". Por lo tanto, siempre es una cuestión de tratar de conseguir un equilibrio a la hora de aplicar los antídotos. La meditación trata de aprender cómo aplicar los antídotos y no aplicarlos demasiado o cuando ya no son realmente necesarios. Esto es algo que tenemos que lograr por nosotros mismos.

Las Nueve Etapas de Shamatha

Los cinco obstáculos y los ocho antídotos tienen relación con las nueve etapas de shamatha. La primera etapa se llama "emplazar la mente". Al principio estamos en una pelea constante entre los obstáculos por un lado y la aplicación de los antídotos por otro. Gradualmente seremos capaces de reposar la mente por un breve periodo de tiempo, antes de que los obstáculos surjan e interrumpan el estado meditativo. Debido a la falta de experiencia podemos no ser capaces de aplicar los antídotos de manera efectiva y por lo tanto encontrar muy difícil en realidad volver al objeto de meditación. Fantasías, emociones y pensamientos pueden desbordarnos haciéndolo muy difícil. Pero mediante un esfuerzo constante, llegaremos a la siguiente etapa, que se denomina "emplazamiento continuado".

En esta etapa desarrollamos una gran habilidad para aplicar la atención y la vigilancia, de modo que cuando surgen los obstáculos podemos retornar al objeto de meditación en lugar de dejarnos abrumar por ellos. Tanto en la primera como en la segunda etapa, la pereza es el obstáculo predominante, caracterizada por una ausencia de interés, falta de inclinación hacia la meditación o una falta de convicción de los beneficios de la meditación. Los meditadores deberían contemplar constantemente estas cosas. Deberíamos reflexionar en nuestras vidas y en nuestras experiencias de la vida, en cómo sufrimos debido a nuestros pensamientos erróneos y distorsionados y las emociones aflictivas.

La tercera etapa en la meditación de la tranquilidad se llama el "volver a emplazar" de la mente (a veces traducido como "emplazamiento a parches"). En este nivel, no solo tenemos una gran habilidad para usar la atención sino que también hemos desarrollado gran habilidad para lidiar con los principales obstáculos del hundimiento y la agitación. Ser capaces de permanecer en el objeto de meditación es sólo la primera etapa; ser conscientes de los obstáculos básicos del hundimiento y la agitación es la capacidad que desarrollamos aquí.

La cuarta etapa se llama "emplazamiento cercano". Tan pronto como aparecen ciertos obstáculos, podemos tanto volver al objeto de meditación mediante la atención, o detectar los obstáculos del hundimiento o la agitación siempre que aparecen. El nivel de distracción se ha reducido en gran medida. En esta etapa ya no padecemos el segundo obstáculo del olvido –ser incapaces de regresar al objeto de meditación– y por lo tanto, se domina más o menos la práctica de la atención. La pereza aún está presente al igual que los demás obstáculos, pero las formas burdas de la agitación mental no aparecen.

Los obstáculos del hundimiento y la agitación mental pueden manifestarse tanto de manera burda como sutil. Los meditadores que han alcanzado la cuarta etapa han podido superar no solo el obstáculo del olvido sino también una parte del tercer obstáculo, el hundimiento y la agitación mental. El hundimiento todavía no ha sido dominado, pero cierta parte de la agitación ya ha sido superada, particularmente en sus aspectos más manifiestos. Hay una creciente necesidad de confiar en mayor grado en la vigilancia que en la atención; necesitamos prestar más atención a detectar el obstáculo del hundimiento y la agitación puesto que ahora la atención se domina y el olvido no causa problemas en esta etapa. Los meditadores deben aplicar el antídoto de la vigilancia rigurosamente y no necesitan preocuparse por la sobreaplicación.

La quinta etapa se conoce como "emplazamiento controlado". Puesto que se ha logrado la atención, hay una gran sensación de comodidad, y la mente ya no está perturbada o agitada de manera incómoda. A pesar de ello, la literatura sobre meditación dice que esta etapa es muy peligrosa. Al haber podido superar cierto nivel de agitación mental burda, los meditadores pueden quedarse complacidos o padecer un simple aburrimiento, sin emociones o pensamientos que ocupen la mente. Debido a que no tiene lugar la agitación real, los meditadores pueden ser particularmente vulnerables al obstáculo del hundimiento. En lugar de permanecer en un estado de tranquilidad con claridad, la mente puede ser despojada por completo de la claridad. Un sentimiento de aburrimiento y falta de interés pueden instalarse, mientras que la pereza todavía no ha sido superada. En esta etapa, debemos poner particular atención al obstáculo del hundimiento.

La sexta etapa de la meditación en la tranquilidad se llama "pacificar". Aquí los meditadores pueden tratar no sólo con el nivel burdo de agitación mental sino también con los obstáculos que tienen su origen en el hundimiento, concretamente en su aspecto burdo. Los obstáculos sutiles del hundimiento aún no han sido superados, porque este obstáculo por lo general es más difícil de detectar que el de la agitación mental.

La séptima etapa del shamatha se conoce como "pacificación completa". En este nivel la pereza puede surgir de vez en cuando, pero no supone problemas, ya que ahora la convicción está tan atrincherada que no se deja seducir por las diferentes tendencias de la pereza. Las formas sutiles de hundimiento y agitación pueden seguir ocurriendo en esta etapa. Debemos seguir atentos para no aplicar la sobreaplicación. Los meditadores que llevan mucho tiempo meditando, pueden seguir aplicando los antídotos debido al hábito, cuando de hecho lo que deberían utilizar son las formas sutiles de vigilancia para vencer ciertos obstáculos. En lugar de aplicar la vigilancia deliberadamente, por ejemplo, deberían ejercer la vigilancia de una manera más suave y desapegada. Los meditadores tendrían que practicar la ecuanimidad y gradualmente desmembrar la actitud de ver los obstáculos como malos y los antídotos como buenos. Deberían comprender que, mediante la práctica de formas sutiles de vigilancia, es posible lograr el estado de tranquilidad sin esfuerzo y sin haber aplicado conscientemente los antídotos pertinentes.

La octava etapa es "emplazamiento unipuntualizado". Ahora hemos superado todos los obstáculos, incluso el obstáculo básico del hundimiento mental y la agitación tanto en sus formas burdas como sutiles (o manifiestas y ocultas). No se necesita aplicar la vigilancia para permanecer en un estado de tranquilidad porque los obstáculos ya no presentan ningún tipo de problema. Aquí es donde se alcanza un estado de unipuntualización, la meditación se ha vuelto algo natural, un modo de ser en lugar de algo que ha sido creado manteniendo alejados los obstáculos mediante la aplicación de los antídotos.

La novena y última etapa se llama "emplazamiento ecuánime", que es más o menos la culminación de la práctica de shamatha y nos dirige a la completa maestría de la flexibilidad de cuerpo y mente.

La Meditación Penetrante

La Paramita de la Sabiduria y La Escuela Madhyamaka

La sexta paramita atañe a la meditación penetrante o visión superior (vipashyana). Mientras que la meditación de la permanencia apacible está orientada a la estabilización de la mente, la meditación penetrante va dirigida a hacer surgir la visión o la sabiduría. Cuando practicamos la meditación de la tranquilidad, solo estamos interesados en cómo establecer la mente y vencer las distracciones, refiriéndonos a la violenta aparición de pensamientos y emociones. La meditación penetrante por otro lado hace uso de pensamientos y conceptos. Sin embargo, la meditación penetrante no tiene que estar basada en la meditación de la permanencia apacible.

Según el budismo mahayana, la sexta es la paramita más importante de todas, porque sin la visión o la sabiduría, las demás paramitas se quedan en un nivel mundano, incapaces de asumir significado espiritual. Paramitas como la generosidad, la paciencia, el vigor e incluso la práctica de la meditación en la tranquilidad, pueden ser contaminados por nuestros hábitos tan arraigados o conflictos emocionales y engaños asentados profundamente. Pero es posible superar estos obstáculos con la práctica de la meditación de la visión penetrante, de manera que nuestra práctica de las demás paramitas pueda ser algo real en lugar de algo provisional. La meditación penetrante implica formas de reflexión y contemplación, utilizando pensamientos y conceptos, y con su práctica empezamos a comprender más sobre nosotros mismos y nuestra relación con el mundo exterior y la realidad.

La práctica de las demás paramitas, que va orientada

hacia el desarrollo de la compasión, no es suficiente para que podamos alcanzar la iluminación; ni tampoco es posible mediante la práctica de la sabiduría solamente. Sin embargo, con la práctica de la meditación penetrante, todas las paramitas pueden ser integradas adecuadamente y lograr la iluminación. La sabiduría y la compasión deben ir de la mano, como ya dije antes. Este es un punto muy importante. A menudo la gente critica a los budistas por ser socialmente inconscientes. Dicen que enfatizan la idea de la iluminación, la ausencia de esencia sustancial (o no yo), y la meditación mientras que son negligentes con los aspectos sociales de la vida diaria. Pero el énfasis en la compasión en el budismo mahayana significa que nuestra implicación con los demás seres humanos y demás criaturas vivas es tan importante como pasar tiempo en soledad y meditación en silencio.

Atisha dice en "La Lámpara de la Iluminación" (Changchup Lamdön): "Puesto que la visión sin compasión y la compasión sin la visión, han sido llamadas servidumbre, no deben separarse una de la otra". Es muy importante para nosotros pasar tiempo en meditación, tratando de comprendernos a nosotros mismos y a nuestra relación con el mundo. Al mismo tiempo, es importante que nos impliquemos en actividades físicas diferentes que sean beneficiosas para nosotros y para los demás también. En el budismo mahayana, la compasión tiene una connotación más amplia que nuestro concepto normal de esa palabra. Aquí compasión implica ser generoso, tolerante y comprender a todos los seres. No se genera solo en relación a las personas que están privadas de cosas materiales o que padecen de aflicciones emocionales.

Las diferentes reflexiones practicadas en la meditación penetrante tienen que ver con lo que llamamos un modo meditativo de pensar. En lugar de especular, es un modo de pensar vinculado a la vida práctica. Esto significa que, implicarse en esa clase de reflexiones, debería tener un efecto inmediato en términos de transformarnos. Debería transformar nuestra visión de nosotros mismos y del mundo. Así, aunque en la meditación penetrante se haga uso del razonamiento y la lógica, no tiene que ver únicamente con materias abstractas; tiene que ver con temas reales, con cómo vivimos y experimentamos el mundo.

Por esta razón, en la meditación penetrante contemplamos la cuestión: "¿Qué es el yo?" También contemplamos la relación entre el yo y el mundo exterior, y la naturaleza de la realidad última. Se considera que esta clase de reflexión es muy importante incluso aunque hayamos estado meditando durante mucho tiempo. Si hemos estado practicando la meditación de la tranquilidad pero no nos hemos implicado en la meditación penetrante, no seremos capaces de lograr una comprensión real de aquello a lo que nos referimos cuando decimos "yo" "autoidentidad" "ego" o cuál es nuestra relación con el mundo y la realidad última. Si no tenemos esa comprensión entonces, la ignorancia, la causa raíz del sufrimiento, nunca será erradicada.

Madhyamaka: La Escuela del Camino Medio

Diversos aspectos de la filosofía del budismo mahayana se utilizan a menudo como base de la meditación penetrante. Hay dos escuelas principales del budismo mahayana: una es la madhyamaka –la escuela del camino medio– y la otra es la chittamatra. Empezaremos con la madhyamaka.

En el primer capítulo toqué la idea del camino medio y cómo nuestra comprensión de nosotros mismos, la naturaleza del mundo, y la realidad última normalmente caen en el extremo, bien del eternalismo bien del nihilismo. Como eternalistas creemos que hay un yo permanente, no cambiante e inmutable que existe detrás o más allá de nuestros cuerpos y nuestras habituales experiencias de pensamientos, sentimientos, emociones y memorias. En el nihilismo, pensamos que no hay tal cosa como un yo, que ni siquiera hay mente, y que sólo el mundo material es real. En esta posición materialista, cualquier concepto del yo o la mente quedan reducidos a un proceso cerebral o a una función biológica.

Diferentes filosofías y religiones postulan la noción de una realidad no cambiante o absoluta. Algunas personas entienden esto desde una perspectiva personal o teísta, mientras que otros lo entienden como algo más impersonal y metafísico. Pero en ambos casos hay una creencia en una realidad no cambiante, permanente y absoluta que es sustancial y que existe inherentemente. Además, los fenómenos físicos como las mesas, sillas, montañas, casas o personas son vistos también teniendo una existencia inherente y una esencia o sustancia permanente. Según el budismo mahayana, esta creencia está basada en la ignorancia, y en la noción de una existencia permanente que crea sufrimiento. El erudito budista Dignaga dice: "Cuando hay un yo, uno empieza a ser consciente de lo otro. Del "yo" y "lo otro" surge la creencia de una existencia independiente, y debido al antagonismo resultante de la unión de estos dos, deviene toda maldad".

Debido a nuestras emociones aflictivas, nuestra sensación de ansiedad, nuestra sensación de desprotección y alienación, surge esta sensación de base de que hay un yo encerrado en nuestro propio cuerpo y completamente independiente de un mundo externo. Cuando se forman estos conceptos surgen toda clase de emociones aflictivas como el apego, el aferramiento, desear ciertas posesiones, la aversión, la hostilidad, e intentar evitar ciertas cosas que queremos evitar. De esto, como señala Dignaga, surge toda clase de maldad y sufrimiento. La filosofía Madhyamaka utiliza el concepto de vacuidad como un remedio terapéutico para esta enfermedad de las criaturas samsáricas. Realizar que no hay esencia inherente en los objetos empíricos disminuye nuestra tendencia a aferrarnos a las cosas. Entender la vacuidad nos permite ver el mundo como es y no creer en el mundo del modo en que se aparece a nuestra mente engañada. Vacuidad o shunyata, en la filosofía madhymaka, no significa que las cosas no existan. No quiere decir que nuestra experiencia diaria del mundo sea algo completamente erróneo, que sea todo un sueño. Mucha gente en occidente piensa que esto es precisamente lo que la tradición mahayana está diciendo. Sólo porque las cosas carezcan de existencia inherente o de una esencia permanente o estática no significa que no existan. Las montañas, sillas, mesas, casas, gente, coches y televisiones, todos existen, pero *no* tienen una existencia inherente.

¿Cómo surge este error? El error no es pensar que esas cosas existen sino pensar que esas cosas tienen algún tipo de esencia perdurable. Creamos problemas en nuestras vidas precisamente porque le damos demasiada importancia a las cosas, pensando que tienen una esencia perdurable. Después nos volvemos muy serios; empezamos a aferrarnos, a apegarnos y no podemos dejarlas ir. Pero si podemos comprender que las cosas no tienen una esencia o sustancia permanente, podemos volvernos más flexibles, menos testarudos y más complacientes. Vacuidad quiere decir ausencia de existencia inherente, o ser vacío de esencia o sustancia.

La filosofía madhyamaka utiliza toda clase de razonamientos para probar que las cosas no tienen una esencia permanente. Yo daré un solo ejemplo aquí que tiene relación con la causalidad. Nagarjuna, el fundador de la escuela filosófica madhyamaka, dice en su texto *Mulamadhyamaka-karika* que: "No hay nada, lo que sea, que surja de sí mismo, ni de otros, ni de los dos, ni sin causa" Esto quiere decir que las cosas no llegan a existir debido a una causa esencial e intrínseca que da lugar a un resultado esencial o intrínseco. Si una cosa llega a existir por sí misma, completamente independiente de todo lo demás, debería ser capaz de generar un surgimiento continuo de ciertos efectos, pero esto no sucede. Las cosas tampoco surgen de algo distinto de ellas mismas, de otra entidad autoexistente. Si este fuera el caso, no habría relación causal entre la cosa misma y lo otro. Tiene que haber algún tipo de relación homogénea entre la causa y el efecto, algo que no puede darse si pensamos en la cosa misma y aquello que hace que surja como siendo ambas autoexistentes y totalmente independientes una de otra. Las cosas no pueden llegar a existir por ellas mismas y por otras, porque esta posición implica los defectos de las dos posiciones anteriores. Si algo llega a existir a través de algo que no sea ella misma, toda idea de causalidad se pone en peligro y todo se torna aleatorio; cualquier cosa puede surgir de cualquier cosa. Como dice Nagarjuna, esto nos llevaría al desmantelamiento completo de toda idea de causalidad. En último término, las cosas no surgen sin una causa.

Originación Dependiente *(pratitya-samutpada)*

Entonces, ¿cómo llegan las cosas a existir? Llegan a existir debido a lo que se conoce como la originación dependiente o *pratitya-samutpada*, es decir, en base a causas y condiciones. Esto implica que las cosas no tienen una existencia inherente, porque si tuvieran cualquier clase de esencia o existencia independiente, no habría necesidad de toda la idea de la causalidad. Nagarjuna dice: "La originación de existencia inherente debido a causas y condiciones es ilógica, dado que si la existencia inherente tuviera su origen en causas y condiciones, todas las cosas serían dependientes. ¿Cómo podría haber una existencia inherente dependiente? La existencia inherente no es dependiente; tampoco depende de otro ser. La idea misma de la causalidad implica el concepto de que las cosas son dependientes. No hay un ser que pueda existir por sí mismo sin depender de nada más; no hay un ser que se autosostiene. Todo es interdependiente. Todo lo que existe, tanto en el plano físico como en el mental, implica la idea de la interdependencia o *pratitya-samutpada*.

Los maestros del budismo mahayana dicen que hay dos cosas que bloquean o nos impiden apreciar este hecho; el primer obstáculo es adquirido y el segundo es innato. El obstáculo adquirido es el de la educación o el bagaje cultural o religioso. No quiero utilizar el término "lavado de cerebro", que inmediatamente aparece en la mente. Se nos ha inculcado de tal manera que no nos paramos a evaluar la veracidad de lo que hemos absorbido mediante la educación y a través de ciertos conceptos familiares. Fallamos en examinarnos; aceptamos simplemente las cosas como hechos en lugar de ver si son ciertas o no. Dichas ideas pueden concernir a cualquiera de las dos visiones extremas del eternalismo o del nihilismo.

El otro obstáculo es innato, lo que significa que en la condición humana hay una creencia instintiva de que las cosas tienen una esencia permanente, incluso aunque dichas ideas no sean formuladas o articuladas. Se dice que es más fácil trabajar con el primer obstáculo porque, mediante la comprensión intelectual (de la filosofía madhyamaka, por ejemplo) podemos deshacernos de muchas de esos conceptos erróneos. El obstáculo innato es mucho más difícil de superar. Incluso aunque sepamos algo intelectualmente, normalmente es sólo a través de la experiencia directa que podemos obtener la comprensión que cambia de manera esencial el modo en que pensamos. Por este motivo necesitamos tener una experiencia cercana de la vacuidad. Sin embargo, una comprensión intelectual y la experiencia directa, están vinculadas por medio del entendimiento utilizando conceptos razonamientos y demás. La comprensión intelectual puede colocarnos en la dirección correcta; luego podemos tener una comprensión directa de la vacuidad.

El budismo zen utiliza el ejemplo de señalar con un dedo a la luna. Los conceptos son útiles mientras no miremos la punta del dedo en lugar de la luna. La punta del dedo puede ser útil porque sabes hacia dónde mirar. De modo similar, la comprensión conceptual no debería ser subestimada. A pesar de que no nos envíe a lo que esperamos, por así decirlo, es esencial. Mediante la comprensión conceptual desarrollamos gradualmente una comprensión directa, con la que se desmantela la creencia innata e instintiva de que las cosas tienen una esencia, sustancia o existencia inherente.

Vacuidad *(shunyata)*

Mediante este tipo de análisis, el meditador llega a la realización de que la realidad no cae en ninguno de los dos extremos del eternalismo y el nihilismo. Tanto el Buda como Nagarjuna han dicho que la idea de la originación interdependiente es idéntica al concepto de la vacuidad. Nagarjuna ha dicho que la vacuidad es originación interdependiente y la originación interdependiente es vacuidad. Así que, cuando decimos que las cosas son producidas interdependientemente, o que las cosas llegan a existir a través de la interdependencia de causas y condiciones, es lo mismo que decir que las cosas son vacías por naturaleza. Nagarjuna no deja ninguna duda acerca de esta cuestión; dice: "Aquello que se origina dependientemente lo llamamos vacuidad. Esta aprehensión es la comprensión del camino medio. Dado que no hay nada en absoluto que se origine independientemente, no existe nada en absoluto que no sea vacío. Por lo tanto vacuidad y originación interdependiente significan lo mismo, y este es el camino medio".

Mediante la comprensión de la vacuidad basada en la originación interdependiente, podemos formar la visión correcta, que evita esos dos extremos del eternalismo y del nihilismo. En la filosofía madhyamaka, la realidad última no es vista como algo que existe fuera o sobre la realidad empírica con la que nos enfrentamos cada día. Más bien, la vacuidad es la naturaleza de todo el mundo en el que vivimos, por consiguiente, la naturaleza del mundo empírico es la realidad última.

Normalmente se hace una diferencia muy abrupta en filosofía y religión entre creador y creación. Hay un gran desfase entre la realidad última y realidad empírica. Esto es cierto en el sistema metafísico occidental, en el que lo último es atemporal, no cambia y es puro, mientras que la realidad empírica es impura, cambiante e imperfecta. La visión del Camino Medio es proponer una relación dialéctica entre la realidad empírica y la realidad última, en el que no estén separadas. La realidad última se encuentra en medio de la realidad empírica y no en algún otro lugar; tampoco se niega la realidad empírica o se infravalora: este es el camino medio.

Lejos de ser una idea nihilista, la vacuidad es, de hecho, una idea muy positiva. En primer lugar, es debido a la vacuidad que cualquier cosa puede existir. Si las cosas tuvieran una esencia o sustancia permanente de alguna clase, tendríamos que tener el concepto de un mundo estático. Pero el mundo es dinámico; no es que la vacuidad haga que las cosas lleguen a existir, sino más bien que les permite llegar a existir, igual que el espacio permite estar a las cosas. El espacio es a menudo utilizado como una analogía para el concepto del vacío. Si el espacio está ocupado por algo, no hay sitio para que algo más esté ahí. Es gracias al espacio que todas y cada una de las cosas pueden estar ahí. De modo similar, la vacuidad permite a las cosas que entren en la existencia. Sin vacuidad nada podría existir.

Ya que es inconcebible pensar que las cosas no existen o que existen eternamente, Nagarjuna da la siguiente razón en el *Mulamadhyamaka-karika*: "Cuando shunyata es establecida, el mundo entero será establecido. Cuando shunyata no es establecida, es absurdo pensar que el mundo entero es real". Por lo tanto, shunyata en lugar de negar el mundo lo afirma; ya que es gracias a la vacuidad que el mundo existe, que nosotros existimos y que hay algo como el camino espiritual y el objetivo espiritual.

Otro modo de entender la relación entre la realidad empírica y la realidad última, según la filosofía Madhyamaka, es mediante la noción de las dos verdades: la verdad relativa o convencional y verdad absoluta o última. La verdad relativa se refiere a la percepción del mundo empírico tal y como existe. También pueden incluirse nuestros modos distorsionados de aprehender este mundo, que nos hacen pensar que el mundo tiene alguna clase de existencia inherente. La verdad última se refiere a la percepción de la realidad última como vacuidad, por medio de una comprensión intuitiva, visión y sabiduría.

Nagarjuna establece el punto de que es a través del entendimiento de la verdad relativa que podemos llegar a tener alguna comprensión de la verdad absoluta. Si ignoramos o rechazamos nuestra experiencia del mundo como es, nunca podremos tener una comprensión. Como él dice, la verdad última nunca será entendida sin ser dependiente de la verdad relativa. De nuevo, con este concepto de las dos verdades podemos ver cómo están interrelacionadas, y que la verdad última no es algo que exista independientemente de la verdad relativa. De hecho, lo último es sólo comprendido a través de lo relativo, porque la verdad última es, de hecho, la naturaleza de la verdad relativa. Sólo con esta comprensión podemos establecer la visión media, que es lo que quiere decir el nombre de esta escuela (madhyamaka) particular.

Es muy importante realizar que rechazar la existencia inherente de las cosas no significa rechazar las cosas como tales –como las casas, coches y demás. Nagarjuna nos advierte repetidamente en contra de interpretar la vacuidad de esta manera, y no es el único que lo hace. En otros sutras mahayana se establece el mismo punto. En un texto conocido como *Könchok Tsekpa* el Buda dice: "Es mejor asumir la existencia de un yo real, a pesar de que esta visión es tan grande y evidente como el Monte Meru[3]. Sin embargo,

3 El Monte Meru es la "montaña del mundo", que está en el centro del

el orgullo de creer en shunyata como en una entidad no existente es peor".

Incluso si uno no tiene la correcta comprensión de la ausencia de existencia inherente del yo, y asume que hay un yo no cambiante y permanente, Nagarjuna dice que es mejor que pensar que no hay un yo en absoluto o que todo es no-existente. Después de todo, hay un valor práctico y cotidiano en tener una noción convencional de un yo y de la existencia convencional de las cosas y entidades. La visión nihilista, por otro lado, es extremadamente peligrosa, porque socava todos los aspectos éticos de la teoría y la práctica budista. Nagarjuna va más allá y dice que cualquiera que crea que las cosas tienen una esencia o sustancia perdurable es tan estúpido como una vaca, pero decir que las cosas no tienen existencia en absoluto es incluso más estúpido (con los debidos respetos al ganado).

Más aún, el sabio no se aferra ni a la existencia ni a la no existencia –este es el camino medio. Aquellos que han desarrollado la visión mediante la reflexión, contemplación, análisis y meditación son capaces de elevarse sobre tales nociones. Esto es debido a que la sabiduría es la más importante de las seis paramitas, porque sin ella todas las demás no tienen sentido. Sin ella, no tendríamos la comprensión de que las demás paramitas carecen de existencia inherente. Así, también, con los preceptos o principios morales. Tal realización sólo puede obtenerse cultivando la visión, teniendo una correcta comprensión de la realidad y de la naturaleza del yo.

Este punto es aclarado en un sutra del Buda: "Incluso aunque uno haya mantenido los preceptos morales durante largo tiempo y haya practicado la meditación de la tranquilidad durante millones de eones, cuando no entiende correctamente la enseñanza de shunyata, ninguna liberación es posible. Aquel que sabe que toda la realidad carece de existencia inherente nunca estará aferrado a ella.".

---

universo.

Esta es la clave: a través de la comprensión de la vacuidad uno es capaz de superar el apego, aferramiento y el ansia. El bodhisatva busca superar el apego, no así volverse alguien indiferente al mundo, sino para estar más implicado incluso en el mundo. Ya no hay más esa dualidad entre el bodhisatva y los demás –entre el yo y el mundo– porque el yo y el mundo tienen la misma naturaleza, que es la vacuidad. Por lo tanto, los bodhisatvas son capaces de llevar a cabo sus actividades compasivas de manera más beneficiosa y en un rango más amplio. Como deja claro este sutra, incluso si estamos haciendo lo correcto según los principios morales, sin sabiduría no podremos extraer todo el beneficio de ello.

El Papel de la Mente

La Escuela Yogachara y la Naturaleza de Buda

La otra escuela de la filosofía madhyamaka se llama yogachara. "Yoga" en este contexto significa "meditación", mientras que "chara" quiere decir "práctica"; así pues, yogachara se ha traducido como "la escuela de la meditación", enfatizando la primacía de la meditación en la comprensión de la realidad última (no es que la escuela madhyamaka no haga también).

Esta escuela también se llama chitamatra –un término que ha traído mucha confusión en occidente, donde se ha traducido normalmente como "sólo mente". Esto ha llevado a muchos intérpretes del budismo mahayana que esta escuela en concreto niega la existencia del mundo exterior, postulando que todo existe sólo en la mente. Como resultado, consideran que la escuela Mahayana es lo mismo que la teoría occidental conocida como idealismo. Los idealistas ingleses como Bishop Berkley que sostienen que sólo las ideas en la mente son reales y que aparte de las ideas nada existe. Esto no es lo que los chitamatrins quieren decir cuando afirman que todo es "solo mente". Lo que quieren decir es que nuestra percepción de la realidad externa depende de la mente. En otras palabras, sólo podemos tener acceso al mundo externo a través de nuestra mente. Mientras que los madhyamakas enfatizan la noción de la vacuidad los chitamatrins enfatizan la mente. Dicen que, mediante la comprensión de cómo nuestra percepción del mundo exterior depende de la mente, podemos lograr una comprensión de la vacuidad.

Tres Aspectos de la Realidad

Los chitamatrins o yogacharins formulan tres aspectos de la realidad llamados "svabhava" en sánscrito. El primer aspecto de la realidad es "parakalpita svabhava", que se ha traducido como el nivel "ficticio-conceptual" de la realidad. Los yogacharins dicen que cuando miramos las cosas en todos sus diferentes niveles –el sensorial, el conceptual o el moral– podemos ver que lo que experimentamos es coloreado por nuestras presuposiciones, prejuicios y predilecciones. Esto quiere decir que no hay tal cosa como una realidad objetiva en sentido último.

A nivel sensorial, por ejemplo, percibimos un árbol o un coche con nuestro sentido de la vista, pero no hay un árbol o un coche que exista por su propio lado que sea independiente de la mente. Los insectos podrían no percibir un árbol o un coche del modo en que lo haríamos nosotros, porque ellos no tienen nuestros conceptos relativos a árboles y coches. Estas son construcciones mentales impuestas sobre las impresiones sensoriales. En términos de conceptos podemos decir que Dios existe o que Dios no existe, pero para que ambas afirmaciones sean una verdad absoluta debe probarse su existencia independiente de la mente humana. Esto también se aplica a la ética y la moralidad. Cuando las personas discuten temas como el aborto, diciendo que siempre es erróneo, están asumiendo que hay algo inherentemente cierto en sí mismo, independiente de la mente humana. Los yogacharins, dicen que no hay una verdad absoluta en ese sentido. Como hemos visto, según la filosofía madhyamaka, las cosas carecen de una esencia permanente y están vacías de cualquier existencia inherente. En base a esto, los yogacharins dicen que todo lo que experimentamos es dependiente de la mente humana.

El primero de estos tres aspectos de la realidad es, entonces, el ficticio-conceptual. El segundo aspecto se llama el "paratantra svabhava", que se traduce como el nivel "dependiente" de la realidad. Esto se refiere al flujo de los fenómenos mentales en la conciencia, y al modo en que los transformamos en conceptos, construyendo el dualismo sujeto-objeto. El tercero y más elevado aspecto de la realidad es llamado "parinispanna svabhava" o realidad última. Este nivel está desprovisto de cualquier dualidad sujeto-objeto.

Es el nivel dependiente de la realidad (paratantra) el más importante para el practicante, porque es este nivel el que conecta la realidad última con el nivel ficticio-conceptual de la realidad. Mediante la práctica de la meditación, podemos minar el nivel dependiente purificándolo de su discriminación sujeto-objeto y así lograr la visión de la naturaleza vacía de este segundo aspecto de la realidad. Según la yogachara, mediante la meditación y la reflexión el practicante llega a realizar que mucho de lo que nos distrae en el nivel ficticio conceptual no tiene nada que ver con la realidad. Esto no significa que no exista nada en absoluto, simplemente que lo experimentamos de manera distorsionada.

Por esta razón, el principio paratantra es visto como el substrato –con una parte que es ilusoria y otra que no lo es– que está imbuido con la realidad última. Dado que el paratantra o nivel dependiente, actúa como base para el parakalpita o nivel ficticio-conceptual, puede ser visto como el mediador entre el nivel ficticio-conceptual y el parinispanna o nivel último de la realidad.

No deberíamos pensar que estos tres aspectos de la realidad son completamente diferentes, dado que todos son vacíos de naturaleza, y es sólo en relación a la mente engañada que podemos hablar de ellos. Aunque los filósofos yogacharins aceptan la noción de la vacuidad, enfatizan la importancia y el papel creativo de la mente en cómo experimentamos e interactuamos con el mundo. Según la filosofía yogachara, la fuente del engaño es pensar que los fenómenos existen completamente independientes de la mente, y no ver que las cosas son, de hecho, en su mayor parte construidas por la mente misma.

El Engaño y los Tres Niveles de Conciencia

Para explicar cómo aparecen estas ilusiones, la filosofía yogachara es única en postular tres niveles de conciencia: conciencia ordinaria (vijñana), que consta de las cinco conciencias sensoriales más la mente pensante, con todos sus pensamientos, sentimientos, impresiones e imágenes; la mente egocéntrica (manas); y la mente base (alayavijñana) a menudo llamada conciencia almacén.

Los engaños surgen de la interacción de estos tres niveles de conciencia. Todo lo que experimentamos del mundo a través de nuestros sentidos se transmite mediante la mente egocéntrica. La información distorsionada resultante es retenida en el substrato de la conciencia, el alayavijñana, que ha sido a veces comparada con la visión occidental del subconsciente. Según la escuela yogachara, así es como quedan atrincheradas las impresiones kármicas en la mente, y éstas surgen después para influir en el modo en que percibimos el mundo a través de los sentidos. Debido a dicha interacción de estos tres niveles de conciencia, la realidad se vuelve distorsionada. En otras palabras, tenemos acceso solamente al primer aspecto de la realidad, el ficticio-conceptual, y no tenemos ni idea del relativo o del perfectamente absoluto.

La atención y la vigilancia en la práctica de la meditación, nos capacita para ver cómo tiene lugar esta interacción, cómo los sentidos son influidos por esas semillas kármicas, que surgen involuntariamente, y cómo, a menudo, no somos conscientes de ese proceso. Al mismo tiempo, vemos cómo nuestra percepción del mundo exterior deja impresiones en nuestra mente, de manera que aviva el fuego de nuestros patrones habituales. Cuanto menos conscientes somos, más habituados nos volvemos y más víctimas nos hacemos del alayavijñana.

El objetivo de la meditación es transformar el alayavijñana. Cuando tiene lugar un cambio significativo en este nivel-almacén, empezamos a ver lo engañados que hemos estado pensando que las cosas tienen alguna clase de existencia independiente. No comprendemos que lo que normalmente consideramos que es el mundo externo, es en su mayor parte construido por la mente misma. Podemos ver la naturaleza engañosa del primer aspecto de la realidad – ficticio-conceptual– y empezamos a tener algún aprecio de los otros dos aspectos: el principio dependiente y el perfectamente absoluto o realidad última.

La Naturaleza de Buda

Otra contribución que la escuela yogachara ha hecho a la tradición y filosofía mahayana en general es la noción de la naturaleza de Buda o tathagatha-garbha (en tibetano teshek nyingpo). Mucha gente en occidente ha escuchado algo sobre este concepto mahayana, que está asociado únicamente a la filosofía yogachara. Los filósofos madhyamaka piensan en la bodhichita absoluta y relativa, pero no hablan de la naturaleza de Buda como tal. Basándose en este concepto, los filósofos yogachara formularon este concepto, diciendo que todos los seres tienen la semilla o el potencial para alcanzar la iluminación. Ninguno está excluido. Incluso aunque la gente no sea consciente de ello ahora, lo serán en el futuro. Es muy interesante considerar que si todo el mundo tiene la naturaleza de Buda, entonces también deben tenerla los cristianos, judíos, musulmanes e hindúes. Si es así, entonces todos ellos pueden lograr la iluminación, ¿significa eso que deben en un momento dado ser budistas? Esto arroja muchas cuestiones interesantes en las que no voy a hacer hincapié en este momento, sin embargo, es un asunto muy polémico. Los yogacharins dicen que todos los seres –no sólo los seres humanos, sino todos los seres conscientes– poseen la capacidad de iluminarse. Aunque unos lograrán la iluminación antes que otros, todos lograrán la iluminación algún día.

Este concepto de la naturaleza de Buda ha sido interpretado de diferentes maneras. Algunos dicen que todo el mundo tiene el potencial para alcanzar la perfección, pero no consideran que los seres humanos tengan una naturaleza perfecta. Otros han interpretado que la naturaleza de Buda quiere decir que no solo la gente posee la naturaleza de Buda, sino que esta naturaleza ya es perfecta y completa. ¡El único inconveniente es que no la hemos realizado! No es como una semilla que, si se desarrolla, genera una planta o un brote. Nuestra naturaleza de Buda, ya está completamente formada o desarrollada y sólo los accidentales engaños permanecen entre nosotros y la iluminación. Dichos engaños, sólo necesitan ser eliminados mediante la práctica.

Cuando nos embarcamos en el viaje espiritual, tenemos que saber que tenemos la capacidad de lograr nuestros objetivos. Si no tuviéramos dicha capacidad, entonces la realización espiritual sería solo un sueño. Sería como una persona sin brazos soñando escalar una piedra enorme. Puede imaginarlo pero no tiene la capacidad, siento decirlo. Si la persona no tiene la capacidad de ver, no puedes decirles que vean. El tema es que cuando estamos esperando hacer algo y hacerlo bien, tenemos que tener la capacidad de hacerlo para poder empezar. Por lo tanto, la naturaleza de Buda representa esa capacidad que ya tenemos en nuestro interior.

Ahora, si fuéramos innata o intrínsecamente malos, confundidos o engañados, ¿de dónde surgiría esa capacidad para vencer nuestros engaños? Tenemos la capacidad para vencer nuestros engaños, para ir más allá de nuestras confusiones, de ir más allá de los diferentes contaminantes psicológicos de la mente. Tenemos esa capacidad según las enseñanzas mahayana. Sin embargo, capacidad y habilidad no son lo mismo. Tenemos la capacidad, pero podríamos no tener la habilidad. ¿Cómo es esto? Alguien puede tener cierto talento para hacer ciertas cosas, quizá tocar música, pintar, escribir poesía, o cierto talento innato para filosofar. Sin embargo, para tener habilidad, debemos hacer algo con la capacidad que tenemos. Esto depende de diversos factores, como las compañías que mantenemos, las situaciones en las que estamos y la oportunidad general para desarrollar o cultivar nuestra capacidad innata. Si tienes un contenedor lleno de trigo o cebada, entonces tienes las semillas potenciales. Si las pones en la tierra ellas tienen el potencial para crecer y dar fruto. Sin embargo, si no lo haces, esos granos no tienen la habilidad de florecer. Tienen la capacidad –el potencial para brotar– pero necesitan nutrición para hacerlo. Tienen que tener un suelo adecuado. No puedes simplemente coger los granos y plantarlos en la playa. Eso no funcionará, la condición del suelo debe ser adecuada. Luego tienes que regarlos, y las condiciones climáticas secundarias deben estar presentes. Así que, cuando hablamos de la naturaleza de Buda, la situación no es diferente. ¿Por qué? Porque mientras que ya tenemos la capacidad de lograr la iluminación, no todos los seres humanos son iguales. Debemos tener la meta de la ecuanimidad, tenemos que aspirar a la ecuanimidad, pero no somos iguales. De hecho, somos muy diferentes.

Las Cinco Familias

Según las enseñanzas mahayana, hay muchas clases de personas diferentes en el mundo, pero en términos del camino espiritual hay cinco categorías fundamentales de gente. En los textos referentes a la naturaleza de Buda, se alude a estos diferentes tipos como las cinco familias.

La primea se llama "rik che". "Rik" quiere decir "familia" y "che" significa "desconectar". Así queda "la familia desconectada" Ahora, ¿Qué significa esto? Quiere decir que a pesar de tener la capacidad para lograr la iluminación, los miembros de esta familia debido a diversas circunstancias y situaciones, incluyendo inhibiciones psicológicas internas y resistencias, no pueden sacar partido por sí mismos de esta oportunidad de despertar. Por ejemplo, alguien que creciera en una sociedad o familia muy violenta y no se le enseñara nada más que violencia, no es probable que prestara atención a su necesidad de crecer espiritualmente. En este caso, la persona tiene la capacidad pero no la habilidad. Por eso es la familia desconectada.

El segundo tipo se llama "ma nge" "Ma" significa, "incierto" o "ambiguo" y "nge" quiere decir "familia". Los individuos pertenecientes a esta "familia ambigua" tienen el interés, pero dependen mucho de que las oportunidades estén disponibles, de la clase de personas con las que entran en contacto, de las enseñanzas espirituales que reciben, y después de lo que eligen hacer con esas oportunidades. Su situación es abierta. Por lo tanto los "ma nge" pueden ir por un lado u otro. En el primer grupo estaba esa pequeña probabilidad de que a un individuo le molestara ir a la iglesia, mucho menos venir a un centro de retiros budista. Esta otra persona puede ir en cualquier dirección, por eso se llama la familia "indeterminada" o "ambigua".

El siguiente tipo espiritual es el "shravaka", o "nyenthö". "Nyen" significa persona que escucha enseñanzas espirituales, que tiene cierta clase de interés o inclinación, y que quiere saber más sobre las enseñanzas y las prácticas espirituales. Sin embargo, ellos mismos no hacen de hecho ninguna práctica real. Es más una cuestión de acumular conocimientos; quieren saber lo que dijo el maestro, quién vivió cuándo, quién dijo aquello a quién. Hay obviamente una gran curiosidad sobre materias espirituales pero no en la práctica real. Algunos mahayanas piensan que los shravakas son lo mismo que los theravadins, que están completamente equivocados. Los theravadins no se equiparan con el concepto de shravaka. Debe señalarse que el budismo siempre anima a los eruditos a la búsqueda de toda clase de actividades artísticas. De hecho, muchos de los maestros budistas fueron grandes poetas, eruditos, artistas o escultores. El tema es que si esto es todo lo que uno está haciendo –si sólo se piensa "tengo que acumular sabiduría, yo sólo tengo que aprender, aprender y aprender" sin ponerlo realmente en práctica– entonces uno permanece en el nivel del shravaka o la familia del oyente.

La cuarta familia es conocida como "pratyekabuddha" o "rang sangye". El término tibetano quiere decir "alcanzar la realización mediante el propio esfuerzo". "Rang" quiere decir "mediante el propio método" y "sangye" significa "realización". Los individuos de esta familia, han comprendido la importancia de la práctica espiritual. Pueden haber acumulado ya suficiente conocimiento y ahora quieren ponerlo en práctica. Sin embargo, no quieren practicar con otras personas, quieren hacerlo por su cuenta. Son individuos que no se conforman con cualquier práctica, linaje, tradición o sistema. Son personas que quieren disentir y alejarse, y que pueden ser de hecho tachados de herejes. Esta familia trata de aplicarse uno mismo vigorosamente sin tener nada que ver con una religión o tradición particular. Se dice que el pratyekabuda realiza que todo es impermanente contemplando el principio de la originación interdependiente (pratitya-samutpada). Por ejemplo, cuando ves que alguien ha muerto, contemplas la muerte y realizas que ha venido del nacimiento. Al ver que todo está causalmente condicionado, puedes concluir que todo es impermanente y puedes lograr alguna clase de realización espiritual en ese sentido.

El quinto tipo es el bodhisatva (changchup kyi sempa). "Changchup" quiere decir "despertar" y "sempa" significa "ser". Estos individuos no sólo han realizado la importancia de la práctica sino que quieren hacer algo con su práctica en relación a los demás. Para ellos la práctica no es solo una preocupación individual, porque ellos no lo hacen únicamente por su propio beneficio. No están pensando: "tengo que hacer algo porque mi vida se ha vuelto una porquería y tengo que salir de este aprieto". Van más allá y dicen: "Quiero practicar y quiero ayudar a las demás personas con mi práctica, mediante el desarrollo del amor y la compasión". Esta es la familia bodhisatva.

Así pues, tenemos la familia desconectada, la ambigua y aquella que se embarca en el sendero espiritual con un interés más orientado hacia lo intelectual que hacia la práctica. Luego está el tipo que practica sólo por su propio beneficio, y finalmente los individuos que están motivados tanto por el interés de los demás como por el suyo. El último es considerado el mejor en términos de cómo realiza nuestra condición interna. De este modo podemos ver que todos tienen la capacidad de llegar a la iluminación, sin embargo, nuestra habilidad de realizar ese potencial varía de un individuo a otro. Todos tenemos el mismo potencial, pero algunos individuos están más cerca de su propio estado natural, que es la naturaleza de Buda.

La Idea de lo Sagrado

Los filósofos religiosos y sociólogos parecen estar de acuerdo en una cosa. En todas las principales religiones del mundo, como el cristianismo, el budismo, el hinduismo, el judaísmo, el islam y las religiones tribales (que son conocidas comúnmente como religiones primitivas), el principal enfoque espiritual gira en torno a la idea de lo sagrado. Tiene que haber algo sagrado, algo santo. No importa si estás viviendo en el Amazonas, en la jungla de Brasil, corriendo descalzo en Australia central o montado en un yak en las montañas del Tíbet. Todas estas diferentes personas comparten un enfoque religioso similar, y es la necesidad de ver algo como sagrado.

La experiencia cotidiana no es lo que nos lleva a encontrar una plenitud real; más bien, la plenitud viene al contemplar algo que no sea la realidad empírica en la que vivimos. Encontramos nuestra salvación mediante contemplar algo que es sagrado, porque no pensamos que lo que ya estamos experimentamos sea sagrado.

Un teólogo alemán llamado Rudolf Otto, que escribió los libros "Idea de lo Sagrado" y "Misticismo, Este y Oeste" dijo que la idea de lo sagrado era una atracción apremiante, como un imán. Al mismo tiempo, lo que es considerado sagrado, también puede generar un enorme sentimiento de inquietud y temor así como de esperanza. Él llamó a este sentimiento "misterium tremendum". "Misterium" quiere decir que lo que es sagrado es transcendente, más allá de nuestro apego. Su poder viene del hecho de que no podemos entenderlo completamente debido a la limitada capacidad que tenemos como seres humanos para comprender las cosas que no son normales. Es "tremendum" porque, lo que sea lo "otro", lo que quiera que sea transcendente, es visto como una fuente de temor y de miedo.

Las religiones antiguas describen a los dioses de una manera que permite un sentido de cercanía real entre el individuo y los dioses que ellos adoran. Ellos adoran a los dioses porque les son favorables, pero al mismo tiempo les temen. Esto no es diferente de los antiguos griegos o romanos. Todo lo que sea sagrado, religioso, o divino, se ve como algo tanto atractivo como temible. Es lo mismo que el Dios del judaísmo o el cristiano.

Según los eruditos de las religiones occidentales, entonces, la religión se basa en esta tendencia humana a sentirse atraído hacia otras cosas que nosotros mismos, pero al mismo tiempo experimentar miedo, temor y respeto en relación con ello. En la mayoría de las religiones del mundo, excepto en ciertas enseñanzas místicas, la fuente de lo que tomamos como sagrado procede de alguna otra parte, una fuente transcendental. Sin embargo, según el budismo, la fuente de la santidad está en nosotros. Por lo tanto, es a través de la práctica que realizamos que hay una fuente espiritual, una reserva de dios en nosotros. Esto es lo que dice la enseñanza mahayana.

El concepto de la naturaleza de Buda trata de esta santidad inherente. No nos tienen que inyectar algo o recibir algo desde el exterior como un regalo. No tenemos que aceptar ningún regalo, porque tenemos ya lo que hace falta para ir donde queremos ir. En ese sentido, para ponerlo de manera teológica o filosófica, podemos decir que lo que es inherente y lo que es transcendente vienen juntos. La naturaleza de Buda es transcendente, en el sentido de que no está encerrada en la identidad de nuestro ego. Tenemos que surgir por encima de nuestra experiencia cotidiana de quién creemos que somos. Por otro lado, la naturaleza de Buda no es algo que exista fuera de nuestro cuerpo y mente, nuestras condiciones mentales y físicas. Por consiguiente, es algo al mismo tiempo inherente y transcendente.

En cualquier caso, Rudolf Otto puede estar en lo cierto al decir que tenemos una relación muy ambigua en nuestro acercamiento a nuestras experiencias espirituales. Hacemos eso mismo con nuestra naturaleza de Buda también. Por ejemplo, algunas personas dicen que cuando meditan tienen experiencias de sobresalto porque no saben a dónde han ido. La experiencia de entrar en territorio desconocido evoca un sentimiento de miedo y temor, incluso de pavor. Aún así, lo que vamos a ser no es diferente de lo que ya somos. No es como si estuviéramos dando pasos hacia fuera de nuestra condición física y mental y fuéramos a unirnos con una entidad externa a nosotros mismos. Al realizar nuestra naturaleza de Buda, estamos emprendiendo un viaje de regreso en el que volvemos a casa y encontramos nuestra “morada original”. Esta es la expresión utilizada en ciertas enseñanzas, tanto en las enseñanzas del budismo tibetano como del budismo zen, nuestra morada original. La naturaleza de Buda es la morada original.

Podemos utilizar el término "naturaleza de Buda" o tathagatagarbha como un concepto abstracto pero, de hecho, no lo es. Es ese lugar donde nos encontramos a nosotros mismos cuando estamos meditando; está siempre allí. En ese sentido, la naturaleza de Buda es tanto transcendente como inherente. La acepción soteriológica o de salvación de la naturaleza de Buda se encuentra en el hecho de que el intento contemplativo de desarrollar una comprensión de la naturaleza de Buda nos permite entender quién somos. Normalmente, tratamos de entender quién somos en relación a nuestra identificación con nuestro ego, nuestro concepto del ego. Tratar de pensar en nosotros en relación a nuestra naturaleza de Buda es pensar en nosotros mismos desde una perspectiva diferente, con un gran angular, por decirlo así.

Cualidades de la Naturaleza de Buda

Según nuestra definición, tener la naturaleza de Buda es tener el potencial para llegar a estar iluminado; Aún así esto no significa que dispongamos de la habilidad o de los medios para lograr la iluminación. Para realizar la naturaleza de Buda, tenemos que tener un sentimiento de confianza en que la iluminación no es una especie de posibilidad distante sino algo que podremos alcanzar dentro de poco. Debemos pensar en la iluminación como que existe en algún lugar en la distancia, en el punto final de nuestro viaje. En tal escenario, está la inicial no iluminación y la experiencia no iluminada que uno pueda tener. Sin embargo, este no es el caso; la iluminación no sucede sólo al final de nuestro viaje. No es como si hubiésemos desembarcado de este desvencijado ferrocarril samsárico y de repente "Wow, este es el paraíso real, está aquí después de todo". ¡No es como hacer esos rudimentarios viajes en tren en la India, donde el hecho de llegar a tu destino es motivo de descanso! De hecho, la experiencia de la iluminación sucede todo el tiempo cuando meditas. Esto es lo que representa el concepto de la naturaleza de Buda.

Las enseñanzas sobre la naturaleza de Buda, enfatizan que dichas cualidades ya están presentes en nosotros. No es que seamos criaturas irredimibles y desgraciadas que después de desarrollar ciertas cualidades y llegar a la iluminación resplandecen con intuición, sabiduría e ingenio. Lo que estas enseñanzas están diciendo, es que las cualidades de la iluminación están ya aquí. Así que, necesitamos comprender que la iluminación no es un estado sino un proceso. No deberíamos pensar en la naturaleza de Buda como en un estado fijo, porque la naturaleza de Buda y nuestra iluminación van de la mano. Si la naturaleza de Buda fuera un estado fijo, no tendría nada que ver con el proceso dinámico de ir hasta la iluminación o llegar a estar más iluminado.

La iluminación y el engaño no son radicalmente distintos ni estados independientes de ser. Más bien, el engaño y la iluminación son interdependientes. Cuando lo miras de este modo, te das cuenta de que las experiencias y las indicaciones que recibimos sobre tener la naturaleza de Buda no son tan distantes ni tan inaccesibles ni están fuera del alcance. Son inmediatas. De hecho, la naturaleza de Buda es nuestro estado primitivo. Si es primitivo o primordial, debe ser intrínseco a nuestra naturaleza, y si es intrínseco a nuestra naturaleza, ¿cómo podemos estar tan lejos de él?

En la literatura tradicional mahayana, nuestra condición samsárica se describe como algo impuro, impregnada de sufrimiento, impermanente y vacía en sí misma. En la literatura tathagatagarbha sin embargo, la naturaleza de Buda se dice que es pura mientras que sólo el samsara es impuro –está impregnado de sufrimiento y es impermanente. El yo, por lo tanto, es un fenómeno pasajero. En el *Mahayanuttara-tan-*

tra-shastra, que está dedicado por completo a la descripción de la naturaleza de Buda, se dice que la naturaleza de Buda tiene las cualidades de pureza, gozo, permanencia y el gran yo. Cuando miramos de este modo la naturaleza de Buda, vemos que toda el área de nuestra existencia ha sido revisada. En lugar de sufrimiento hay gozo; en lugar de impermanencia hay un sentido de permanencia y demás.

Pureza

Como puedes imaginar, conceptos como estos han generado bastante controversia. ¿Qué significa ser puro y qué significa ser impuro? De nuevo, según el *Mahayanuttaratantra*, podemos comprender lo puro e impuro de dos maneras diferentes. Primero podemos entender la pureza en relación a la naturaleza de Buda misma. La naturaleza de Buda tiene una pureza intrínseca (rangshing namdak), como un cristal o un espejo. Sin embargo, aunque el espejo en sí sea puro, puede tener polvo. Por ejemplo, un espejo viejo que se ha estado pudriendo en el ático puede estar cubierto de polvo y telarañas. No puedes ver nada. Sin embargo, si lo limpias tiene la capacidad de reflejar. En otras palabras, sólo porque la naturaleza de Buda sea intrínsecamente pura, eso no significa que vayamos a tener necesariamente una experiencia de pureza. Tenemos que implicarnos en prácticas de todo tipo –quitarle el polvo, lavarlo y limpiarlo lo que sea necesario para devolver el espejo a su condición original. Así pues, esto se denomina pureza temporal (lobur trel dak) porque ahora, los engaños temporales se han eliminado de la mente.

Gozo

La segunda cualidad que posee la naturaleza de Buda es el gozo (dewa). La naturaleza de Buda es gozo precisamente porque cuando no estamos interactuando con el mundo desde una perspectiva egoísta, estamos llegando a un punto que es abierto y receptivo. Respondemos a las cosas en lugar de reaccionar ante ellas. Cuando estamos operando bajo la influencia del ego, con su egoísmo, arrogancia y egocentrismo, necesidad y codicia, nos ponemos en una única dirección y nos obsesionamos tanto que nuestra visión se vuelve extremadamente estrecha. Por consiguiente no hay gozo, sólo adversidades y tribulaciones, de las que sólo podemos esperar más ansiedad, miedo e inseguridad. El miedo a no gustar, a no ser aceptado, –todas esas cosas aparecen en la superficie y toman el control. Pero cuando uno empieza a tener ciertos indicios del estado original de la naturaleza de Buda mediante la meditación, entonces hay gozo.

Finalmente, comprendemos cómo es posible tener confianza sin necesidad de ser arrogante, egoísta o centrado en uno mismo, siempre pensando que tenemos que ser los primeros por delante de cualquier cosa o cualquier persona. Cuando la identificación con nuestro ego es tan fuerte, no nos sentimos conectados a las demás personas, no nos sentimos conectados a nada. En consecuencia, nuestra relación con los demás y con el mundo se resiente. Cuando somos así, cuando tenemos una intensa identificación con el ego y nos centramos en nosotros mismos, podemos pensar: "Estoy cuidando de mí, tengo que cuidarme". Sin embargo, no estamos haciendo eso en absoluto, según estas enseñanzas. De hecho, estamos haciendo lo contrario. Estamos realmente en una misión suicida en cierto sentido, porque, cuanto más centrados estamos en nosotros mismos y más egoístas somos, más difícil les resultará a los demás relacionarse con nosotros. Nos volvemos una molestia para los demás y una molestia para nosotros mismos también. Entonces no hay gozo; solo más dolor en el almacén.

Cuando practicamos, y cuando estamos más en contacto con nuestra verdadera condición –que es la naturaleza de Buda– hay una mayor sensación de relax, un mayor sentimiento de apertura y receptividad. Esto nos proporciona las condiciones para que podamos responder a las cosas adecuadamente de manera que sea de ayuda tanto para los demás como para nosotros, porque no hay diferencia entre lo externo y lo interno. Entonces hay gozo.

Permanencia

La tercera cualidad de la naturaleza de Buda es la permanencia (takpa). Aquí tenemos que ser muy cuidadosos, ya que esto no significa permanencia en el sentido de algo estático, sino permanencia en el sentido de no ser zarandeado por estados de ánimo arbitrarios. Un buen día, vas a un templo budista, encuentras a ese gran maestro, y recibes sus bendiciones. Hay una audiencia fantástica, la armonía está presente y todo está ok. Te sientes elevado, tu humor es bueno y te sientes lleno de energía y optimista. Después sales del templo y te das cuenta de que te han puesto una multa en el estacionamiento y estás loco de rabia. Toda la elevación se ha ido abajo en un segundo. El sentimiento de grandeza y la sensación de conexión que sentías con el maestro han desaparecido en un instante. La permanencia de la naturaleza de Buda no es así. Es permanencia en el sentido de que nuestros cambios de humor y subidas y bajadas en la vida, no afectan a nuestro estado iluminado. Nuestra mente podría ser sacudida de esta o aquella manera. Empujada, arrastrada y perturbada. Pero cualquier cosa que esté sucediendo en la mente no afecta a nuestro estado iluminado. Por esta razón, la cualidad de permanencia no puede ser entendida en el sentido de alguna clase de estado estático. La naturaleza de Buda no es estática en absoluto.

Gran Yo

El "gran yo" (dak) se refiere al hecho de que todos tenemos que ser alguien. Nadie quiere llegar a ser nadie. Todos queremos mejorar nuestras vidas; queremos tener más riqueza, una vida feliz. Ninguno de nosotros quiere terminar sin llegar a ser nada, o pensar que no hemos hecho nada para mejorar nuestra vida, o que no hemos aportado ninguna contribución en absoluto para mejorar el bienestar de la sociedad en la que vivimos. Por lo tanto la noción del yo es muy fuerte y muy importante en términos de cómo nos vemos a nosotros mismos, cómo tratamos a los demás y a nosotros mismos, cómo vemos las cosas. Todas estas cosas nos traen de nuevo al yo. Incluso el deseo y la aspiración por la iluminación requieren el concepto del yo. No lo podemos hacer de otro modo. Si no hay nadie en el tren, entonces el tren está vacío. Podríamos querer ir a Florencia o a Venecia, Pero no podemos solamente imaginar que estemos allí. Tenemos que montar en el tren; tenemos que sacar el billete. El sendero espiritual también requiere que alguien emprenda el viaje. De otro modo, ¿quién se va a beneficiar de la práctica, quién va a sacar algo de ella? Si práctica significa desmantelar todas las nociones del propio yo, entonces cualquier concepto de este yo se desintegraría completamente. Entonces habría sido un cometido muy tedioso, doloroso y en última instancia autodestructivo; un viaje que nos llevaría a un abismo; un tren que se ha salido por el borde del acantilado.

Creo que es muy importante comprender que practicar no significa deshacerse de la noción de nosotros mismos por completo. Tenemos que entender que la autoimagen que tenemos es una construcción de la mente. Tiene su utilidad, a pesar de ser una utilidad limitada. Con la práctica tenemos que elevarnos sobre ella e ir más allá, al mismo tiempo que nos relacionamos con este yo convencional –el yo ordinario de cada día. Tenemos que referirnos constantemente a este yo convencional, pero también tenemos que ir más allá de él. Como dije previamente, en términos de transcendencia, tenemos que salir de las ideas convencionales de quién y de qué somos; de otro modo, nuestra tendencia a perpetuar nuestros viejos y bien enraizados hábitos continuará para siempre. Con el concepto de la naturaleza de Buda, tenemos un gran sentido del yo, –el gran yo– no del yo al que estamos acostumbrados, sino de un yo que puede elevarse por encima de ese yo convencional. Podemos relacionarnos con más claridad, observar más, volvernos más sensibles, tener más sentimientos de conexión.

Cómo existe la Naturaleza de Buda

La naturaleza de Buda tiene cuatro características pero, ¿qué es el estatus de la naturaleza de Buda? Por ponerlo en términos filosóficos, ¿qué es el estado ontológico de la naturaleza de buda aparte de su soteriológica orientación y acepción salvífica? En términos de su estatus ontológico, nuestra mente está siempre atascada con pensamientos o cualquier cosa que exista o que no exista. Si algo existe, es real; si algo no existe, no es real. Este modo dual de pensar es tan predominante y forma parte de nuestra manera de pensar en tal medida, que encontramos muy difícil escapar de él. Sin embargo, cuando empezamos a pensar en el estatus ontológico de la naturaleza de Buda, no pensamos en existencia y no existencia. El estatus ontológico de la naturaleza de Buda –cómo existe la naturaleza de Buda– es diferente de cómo existe todo lo demás. No podemos decir que la naturaleza de Buda exista de la misma manera que pensamos que existen los objetos empíricos del mundo existente o incluso los estados mentales. Cuando decimos que todo el mundo está en posesión de la naturaleza de Buda, no es lo mismo que poseer algo. No es lo mismo que poseer una casa, un coche o un cuerpo. Pensamos que debería ser así; tenemos una casa, tenemos muebles –este es el modo en que debe ser, es la clase de mundo en el que debemos vivir–, pero no poseemos la naturaleza de Buda en ese sentido. La analogía más cercana a la naturaleza de Buda es la del espacio. El espacio no existe como existen las nubes que hay en el espacio, el modo en el que existe es de un orden diferente. No podemos decir que el espacio exista, es decir, no podemos decir que sea algo sustancial, algo inherentemente existente, ni podemos decir que no exista, que sea nada. El espacio no puede ser nada porque sin espacio –de nuevo desde el razonamiento budista- no podríamos tener todos los planetas y galaxias; ni siquiera este pensamiento estaría aquí.

En cierta manera, la naturaleza de Buda existe, pero decir que existe es más como una metáfora. En realidad, sólo puedes referirte a ella de manera indirecta; no puedes precisarla tan fácilmente porque la naturaleza de Buda no es nada en sí misma; no es una sustancia. La naturaleza de Buda no es una sustancia física de ningún tipo. Es intrínsecamente vacía, pero, al mismo tiempo, es la fuente de la iluminación. Sin la naturaleza de Buda, no podríamos lograr la iluminación. Si hubiera solo ignorancia, emociones aflictivas y proliferación conceptual, sería imposible encontrar un modo de salir. Así, en ese sentido, la naturaleza de Buda existe, pero no existe como una entidad sustancial.

Según el budismo mahayana, la naturaleza de Buda no forma parte de causas y condiciones, pero está presente por sí misma. Desarrollamos toda una nueva perspectiva en relación a cómo nos vemos a nosotros mismos cuando ya no podemos operar desde el contexto convencional de la identidad del ego. Tenemos una visión mucho más extensa en relación a nuestras habilidades y a cómo podemos ver las cosas. Somos menos obstinados. Uno es capaz de abrazar más las cosas. Esto en sí se vuelve una fuerza liberadora. Ser alguien, tener una vida rica, una actitud afirmativa en la vida no requiere de estar centrado en uno mismo, ser ambicioso o dependiente. De hecho, cuando empezamos a aprender cómo elevarnos sobre nuestra autoimagen, nuestra vida se enriquece automáticamente –espiritualmente, psicológicamente, en nuestras relaciones y en todo orden de cosas. La obsesión del ego es aprisionadora; nos quedamos tan absortos en nosotros mismos que estamos totalmente cerrados, inconscientes de lo que nos rodea y de las demás personas. Todo en lo que podemos pensar es en nuestro dolor, infelicidad y frustración. Este es el motivo por el que el samsara es doloroso. Si, mediante la práctica de la meditación, podemos tener una mayor idea de lo que es estar en nuestra morada original –la naturaleza de Buda– volvemos a casa. Tenemos una sensación de conexión, estamos menos alienados, menos separados. No es siempre el caso de que las otras personas nos están alienando; somos nosotros los que lo hacemos. Cada individuo se comunica menos y menos y después nos empezamos a preguntar: "¿Por qué nadie me habla? ¿Por qué actuará esa persona así? ¿Es debido a que estamos tan absortos en nosotros mismos que pensamos que las demás personas se han vuelto contra nosotros? De hecho, incluso puede ser al revés: puede haber gente tratando de comunicarse con nosotros y ayudar pero, debido a la autoabsorción, estamos completamente cerrados. Así que no hay una sensación de conexión. Por esta razón es tan importante tener alguna comprensión de la naturaleza de Buda.

El Progreso Espiritual

Los Cinco Senderos y las Diez Etapas del Bodhisatva

El concepto de "sendero" es extremadamente importante en el budismo, cuando ponemos énfasis en nuestra capacidad individual para lograr la liberación o iluminación por nosotros mismos en lugar de dejarlo en manos del poder de otro. Cuando nos embarcamos en un viaje, cuando viajamos por el camino, debemos hacerlo solos. Nadie puede hacerlo en nuestro lugar. Es como conocer un nuevo país; si queremos verlo, tenemos que ir en persona allí. Otros pueden volver con fotografías y darnos una idea sobre cómo es ese lugar, pero eso no puede sustituir nuestra experiencia de primera mano.

Sin embargo, las personas que han visitado un lugar particular y han vuelto con fotos e historias pueden decirnos cómo hacer el viaje nosotros mismos y cómo hacerlo de una manera más placentera en lugar de dolorosa. De modo similar, aunque debamos recorrer el sendero espiritual nosotros mismos, podemos recibir la guía y la información de otros, y esto es proporcionado por los budas y los bodhisatvas. De este modo, desde la perspectiva budista, embarcarse en el camino espiritual o recorrer el sendero, es un concepto esencial.

La otra noción implicada en esta idea de viajar por el camino es que, incluso si no hay un yo o ego sustancial, permanente, independiente e inherentemente existente, esto no significa que no haya nadie que viaja por el camino, que no haya nadie que se transforma desde el estado de engaño y confusión.

La ausencia de ego no es lo mismo que la autoextinción. Nosotros no cesamos de existir, pero llegamos a saber más sobre nosotros. Darse cuenta de que no existe un yo que sea no cambiante puede de hecho ser una experiencia enriquecedora. El camino consiste en trabajar con nosotros mismos de tal manera que, gradualmente, superando las diferentes inhibiciones, confusiones y engaños de la mente, empezamos a penetrar más en nuestra propia naturaleza.

Cuando nos miramos a nosotros mismos en el momento presente, vemos toda clase de engaños y confusiones en nuestra mente. Aún así, la posibilidad de superar todo eso y lograr la iluminación es una realidad. Nuestras propias vidas se enriquecen al haber emprendido el camino. Aún así, es importante no traducir mal este concepto de ausencia de existencia inherente o la no existencia del ego. Decir que no existimos en absoluto es la visión nihilista, que el Buda rechazó por completo.

Como vimos antes, hay dos maneras diferentes para lograr los objetivos de la liberación y la iluminación. Uno es el método del shravaka, cuyo objetivo es alcanzar la iluminación por el beneficio propio. El otro es el acercamiento del bodhisatva, que consiste en trabajar por el beneficio de los demás y, en consecuencia, alcanzar la iluminación. Ambos métodos son legítimos. Podemos lograr el objetivo desde ambas perspectivas. Cualquiera que elijamos hay cinco etapas de progreso o desarrollo a lo largo del camino por el que viajamos: el sendero de preparación (también llamado el sendero de acumulación), el sendero de aplicación, el sendero de la visión, el sendero de la meditación y el sendero de no más aprendizaje. Los dos primeros –el sendero de preparación y el sendero de aplicación, son designados normalmente como los senderos mundanos, mientras que los tres últimos se conocen como los senderos supramundanos. En los tres últimos, hay un enorme desarrollo de la sabiduría. Desde la perspectiva budista, sin sabiduría, operamos en el nivel de una persona mundana. No importa cuán bondadosos seamos o lo bien que nos comportemos, si estamos faltos de sabiduría, seguimos operando dentro del contexto de este mundo y no en el mundo de la espiritualidad.

Sabiduría no significa necesariamente ser inteligente. La sabiduría en el budismo tiene que ver más con tener una comprensión real de nosotros mismos y del mundo fenoménico. En el nivel del Shravaka, esto significa la comprensión de la impermanencia y en el nivel del bodhisatva quiere decir la comprensión de la vacuidad. Una persona verdaderamente espiritual debe poseer las cualidades de la compasión y amor así como también sabiduría. Incluso si el amor y la compasión están presentes en el continuo mental de un individuo particular, si esa persona carece de sabiduría, él o ella no es todavía una persona completamente desarrollada.

El Sendero de Preparación

En el sendero de preparación o acumulación, debemos reconocer inicialmente que la condición samsárica en la que hemos estado viviendo es completamente insatisfactoria y frustrante. Sin tal reconocimiento, no hay absolutamente ninguna posibilidad de hacer cualquier progreso espiritual en modo alguno. La condición samsárica es básicamente una condición de la mente, no del mundo exterior (aunque muchas personas asumen lo contrario). Samsara no es el mundo material en el que vivimos –casas, árboles, montañas, ríos, animales y demás; más bien es la mente que está constantemente ocupada e incapaz de permanecer serena ni un momento. La condición samsárica es creada por una mente que constantemente alarga la mano, agarrando esto, rechazando aquello, llena con un ansia enorme que una persona hará cualquier cosa para satisfacer. La mayoría de las veces, el engaño de la ira u hostilidad, tiene sus orígenes en este primer delirio de deseo excesivo. Cuando un deseo excesivo está presente, la ira y la hostilidad surgen de manera natural porque son evocadas por deseos frustrados.

Lo que produce esta agitación de la mente, producido a su vez por un deseo excesivo u hostilidad y resentimiento, es la presencia de ignorancia. Esto quiere decir no saber qué es beneficioso realmente para nosotros y qué es realmente perjudicial. Si somos capaces de comprender que las emociones negativas en las que incurrimos no son en absoluto beneficiosas sino que son de hecho extremadamente perjudiciales, el deseo de vencerlas surgirá.

Debemos llegar a esta realización porque estamos buscando una felicidad verdadera, estable y permanente. Normalmente pensamos que esta clase de felicidad se puede hallas aferrándose a las cosas, cuya naturaleza es impermanente. Por ejemplo, pensamos que si nos casamos, todos nuestros problemas se solucionarán; si tenemos hijos, será maravilloso; si logramos un ascenso en el trabajo, muchos de nuestros problemas desaparecerán. El budismo no dice que no debamos tener experiencias de felicidad o placer temporales. Pero dice que normalmente no pensamos que sean placeres temporales; de hecho, pensamos en ellas como en fuentes de felicidad permanente, y aquí yace nuestro error, producido por nuestra ignorancia.

Naturalmente, esto no quiere decir que debamos rechazar necesariamente nuestras experiencias de felicidad o placer temporal, pero deberíamos comprender que solo son temporales, porque cualquier cosa que obtengamos en esta vida se puede perder. Los hijos se pueden perder, podemos divorciarnos de nuestros esposos, podemos perder nuestros trabajos, podemos tener pérdidas, en términos de negocios –todas estas cosas pueden ocurrir, y lo hacen. Si no hemos seguido un sendero espiritual, nuestras vidas serán devastadas por tales acontecimientos, porque nos hemos concentrado meramente en lo que tenemos en lugar de en lo que somos.

La práctica espiritual trata de ser, de llegar a ser una persona diferente; de tener una experiencia diferente de nuestro propio ser. No tiene nada que ver prácticamente con lo que tenemos en términos de trabajo, familia, y demás. Esto no significa que tendríamos que rechazar a la familia para ser espirituales o que deberíamos dejar el trabajo e irnos a vivir a la jungla para ser espirituales. ¡Incluso la felicidad que podamos sentir en la jungla, se convertirá en infelicidad cuando los mosquitos y las serpientes empiecen a mordernos! La verdadera felicidad tiene que venir del interior, de tener un mayor conocimiento de nosotros mismos. Así como nuestras peleas y conflictos emocionales disminuyan gradualmente y nos volvamos más integrados, lograremos un sentimiento de paz. No dejaremos de tener problemas en la vida, puesto que muchos de los problemas vienen del mundo exterior. Sin embargo, la sensación interior de integración nos capacita para lidiar con cualquier cosa que aparezca en nuestra vida. Esta es la clase de cosas con las que tenemos que trabajar en el sendero de preparación.

Los Cuatro Fundamentos de la Atención Plena

Volvemos ahora a algunos de los temas y prácticas descritas en capítulos anteriores, y los ubicaremos en el contexto del sendero Mahayana. El sendero de preparación se divide en tres etapas. En la primera, el practicante tiene que comprender que la meditación es el antídoto para la mente fragmentada, distorsionada y confusa que experimenta conflictos internos. Ningún otro método es tan eficaz como la práctica de la meditación, que permite que tengan lugar diferentes clases de concentración en el yo. Esto es diferente del egocentrismo. Se logra mediante shamatha, la meditación de la tranquilidad, que tiene que ser complementada con la práctica de vipashyana, la meditación penetrante. En este caso en particular, la práctica vipashyana consiste en los cuatro fundamentos de la atención plena. Los cuatro fundamentos de la atención plena son la atención al cuerpo, la atención a las sensaciones, la atención a la mente y la atención al mundo fenoménico. Mediante la práctica de vipashyana, el meditador llega a realizar que todo está sujeto al cambio. Desde el punto de vista budista, la comprensión de la impermanencia es fundamental. Algunas personas entienden esto sólo a nivel intelectual, pero tiene que llegar a ser una experiencia personal. Si el modo en el que vivimos nuestra vida refleja esta comprensión, en lugar de ser una mera comprensión intelectual, cuando los cambios acontecen en nuestra vida, esta comprensión nos ayuda activamente.

Para personalizar esta comprensión, llevamos a cabo la práctica de los cuatro fundamentos de la atención plena. ¿Qué puede ser más personal que nuestro propio cuerpo, sensaciones, mente y nuestra propia percepción del mundo fenoménico a través de los sentidos? Observamos el cuerpo para ver los cambios a nivel físico; observamos las sensaciones de gozo, dolor y demás; y observamos nuestra mente –sus pensamientos, conceptos, cualquier cosa que surja en ella. Por ejemplo, podemos pensar que estamos deprimidos, y parece ser que sea un estado mental continuo, pero conforme vamos prestando más atención a la mente, nos damos cuenta de que nuestro estado mental depresivo es interrumpido por momentos de gozo o algún otro estado.

De modo similar, podemos comprender que lo que percibimos a través de nuestros sentidos del mundo exterior, está sujeto al cambio. En el mundo material, algunos cambios suceden de una manera muy rápida mientras que otros ocurren muy lentamente pero de manera constante. Los geólogos dicen que los Himalayas se están elevando más, pero esto ha sucedido tan lentamente que no hemos podido observarlo. Sin embargo está ocurriendo. Así, incluso las cosas materiales, pueden parecer muy sólidas y, en realidad, son también insustanciales, en el sentido de que están también sujetas al cambio. No son inmóviles o estáticas. A nivel del primer sendero –el sendero de preparación–, el practicante obtiene una comprensión real de la impermanencia, lo que supone lograr una comprensión mayor de la naturaleza de las cosas. Esto es diferente de la experiencia de tranquilidad del shamatha.

Esta experiencia de impermanencia, debe ser vista como positiva en lugar de negativa. No debemos desesperarnos porque todo vaya a perecer. Ser vibrante, ser activo, no permanecer en un estado de inercia, es algo bueno. El cambio en todos sus diferentes aspectos, debe ser una experiencia muy positiva. Si no hubiera cambio, ¿cómo si no podríamos vencer nuestros engaños? ¿Cómo sería posible erradicar la ignorancia y la impureza? Es posible precisamente porque la mente y la conciencia pueden ser transformadas mediante la práctica y el adiestramiento. Toda idea de transformación significa cambio. Así es como un ser sintiente ordinario puede llegar a ser un arhat o un buda.

Los Cuatro Abandonos

La segunda etapa del sendero de preparación, se logra cuando el individuo empieza a progresar en la práctica de los cuatro abandonos. Estas cuatro prácticas consisten en tratar de ejercer control sobre nuestras negatividades y, al mismo tiempo, intentar prevenir que negatividades potenciales aparezcan en el futuro. El budismo afirma que hay una relación intima entre los pensamientos y las acciones, y hay de este modo una conexión entre la práctica de la moralidad y nuestro bienestar y salud. La práctica de la moralidad no es sólo un asunto de seguir normas, de actuar en base a un sentimiento de deber y obligación. Nos implicamos en acciones saludables precisamente porque es así como podemos experimentar un estado mental positivo. Esto, además, nos dirige a experimentar un bienestar físico y mental. Por el contrario, involucrarse en estado mentales negativos, nos lleva a comportarnos de manera negativa. Esto produce más agitación mental, ansiedad y miedo, que produce a su vez desequilibrio en el cuerpo y en la mente.

Ser positivo en este contexto, significa que somos cuidadosos en la práctica de la atención plena, observando nuestro cuerpo, palabra y mente. Se dice que los hábitos negativos se forman enteramente al no prestar suficiente atención a nuestro comportamiento físico y a nuestros procesos verbales y mentales. Así que necesitamos ser más cuidadosos. Esto no es lo mismo que ser autoconsciente. La gente dice a veces que han estado tratando de practicar la atención plena pero que eso les lleva a ser autoconscientes, y cuando se vuelven autoconscientes sienten paranoia. Esto no es como si estuviéramos observándonos a nosotros mismos como si otra persona nos estuviera observando. Esto sencillamente nos haría sentir expuestos y vulnerables. Simplemente miramos lo que está pasando en nuestra mente y cómo operamos en el mundo.

Los neurólogos modernos y otros científicos, dicen también que nuestro carácter y personalidad está íntimamente vinculada con nuestra sensación de bienestar y la posibilidad de padecer una enfermedad del corazón, hipertensión y condiciones similares. Ya que los budistas ven los pensamientos, emociones, acciones, la moralidad y los bienestares físicos y mentales interconectados, nos implicamos en estas cuatro contemplaciones: primero evitamos que surjan potenciales negatividades; en segundo lugar, tratamos de trabajar con aquellas que ya han surgido; tercero, cultivar cualidades positivas que todavía no han surgido; y por último, desarrollar aquellas que ya han aparecido.

Es importante comprender que nuestros pensamientos y

emociones negativas no son negativos de una manera absoluta, sino sólo en relación a los efectos que tienen en nuestra mente y en nuestro estado de bienestar. Por eso deben ser evitadas, no porque sean inherentemente malas. Así que, cuando aparecen, deberíamos pensar en ellas simplemente como emociones negativas con las que tenemos que trabajar y que pueden ser superadas.

Las Cuatro Ramas de los Poderes Sobrenaturales

La última etapa del sendero de preparación se alcanza cuando el practicante aplica lo que se denomina las cuatro ramas de los poderes sobrenaturales. Aquí, milagro, tiene más que ver con el trabajo duro que con cualquier clase de intervención divina. La primera rama es la inclinación, la segunda el esfuerzo, la tercera es la intención, y la última el análisis.

En primer lugar, debemos tener la inclinación o podríamos no empezar nada. Para realizar cualquier proyecto, la inclinación y el interés tienen que estar presentes. El interés es seguido por el esfuerzo o vigor. Si el interés está presente, se vuelve más fácil aplicarnos al trabajo y poner enfoque y atención al mismo tiempo. El siguiente factor es la intención, lo que quiere decir que el practicante ha hecho el compromiso de desarrollar las cualidades positivas, y trabajar para vencer las tendencias negativas de la mente. El último factor es el análisis, que significa que tenemos que analizar y ver lo que es positivo y lo que no es beneficioso para nosotros y para los demás. Esto no se hace utilizando pensamientos y conceptos como lo hacemos normalmente, lo que sólo genera más confusión. Sin embargo, utilizamos nuestra capacidad de pensar y nuestra habilidad conceptual para analizar lo que es beneficioso y lo que no lo es.

El budismo no desanima a pensar, pero no anima a

pensar excesivamente, lo cual no nos lleva a ninguna parte. Mucha parte de los pensamientos que ocupan nuestra mente durante veinticuatro horas al día, está promovido por los engaños y el aferramiento excesivo, la ira, resentimiento, confusión, orgullo, ignorancia y demás. Podemos utilizar nuestro pensamiento de manera más constructiva que eso, que es lo que estamos recomendando aquí.

De esta manera, el viajero del sendero espiritual es capaz de atravesar las tres etapas del primer camino, el sendero de preparación.

El sendero de preparación nos establece en nuestra práctica espiritual alejándonos de nuestros intereses cotidianos en gran medida. Alejarse de las preocupaciones samsáricas no significa necesariamente que tengamos que abandonarlas por completo. Es más bien que trabajamos con la actitud que tenemos hacia las cosas y hacia las demás personas.

Lo que nos ata al samsara no son las cosas sino nuestro apego hacia ellas, incesante ansia y apego que surgen en la mente. Con esto es con lo que tenemos que trabajar. La riqueza material puede volverse un obstáculo, por ejemplo, si el aferramiento el ansia y el apego están presentes en la mente del individuo.

La aguda distinción que se hace en occidente entre lo material y lo espiritual, es bastante extraña en el modo de pensar budista. Si somos espirituales o no, depende fundamentalmente de nuestra actitud, cómo vemos el mundo y como interactuamos con los demás seres sintientes. La condición samsárica no es creada por el mundo exterior o por las condiciones que existen fuera de nosotros, sino por la mente perturbada.

Así pues, esto es de lo que trata el sendero de preparación. Intentamos adiestrarnos de manera que seamos capaces de hacer progresos en el camino. Es también llamado el sendero de acumulación (de mérito), porque podemos reorientarnos y transformarnos en el recipiente adecuado para el desarrollo posterior. La idea de ser un recipiente, es muy importante en el budismo. Quiere decir que, si no hemos sido capaces de crear las condiciones mentales adecuadas para que surjan ciertas cualidades espirituales, entonces, no importa la clase de maestro o guía espiritual con el que entremos en contacto, no importa los textos que hayamos leído y entendido, no ocurrirá gran cosa. Esto es debido a que hemos sido incapaces de crear un verdadero recipiente espiritual que pueda contener las cualidades necesarias para nuestro desarrollo. Necesitamos estar abiertos y tener un sentimiento de receptividad en nuestro continuo mental. Mediante este desarrollo, podemos embarcarnos en el siguiente sendero, el sendero de aplicación.

Volver a Casa

La perspectiva del bodhisatva de estos dos primeros senderos, difiere ligeramente de la del shravaka. Además de las prácticas compartidas con los shravakas, el bodhisatva es capaz de generar la bodhichita, la preocupación compasiva por todas las criaturas vivas. Este compromiso de cuidar de los demás, en realidad procede del modo en el que el bodhisatva se entiende a sí mismo como poseedor de la naturaleza de Buda. Desde la perspectiva del bodhisatva, el camino no es algo lineal, entendido como salir del samsara y llegar al nirvana, sino que es más bien como volver a casa.

Si vemos nuestro propio ego como la fuente principal de nuestra identidad, nos produce un sentimiento de alienación, de rechazo y desconexión. Pero si empezamos a darnos cuenta de que nuestra propia naturaleza es la de Buda y que todos los demás tienen esta misma naturaleza, sentimos más afinidad con los otros seres sintientes.

Hay historias en los sutras mahayana sobre este proceso de abandonar el hogar y volver a casa. Nos perdimos al quedar completamente enredados en la condición samsárica y ver el ego como nuestra principal fuente de identidad. Así como vamos realizando nuestra propia naturaleza de Buda a través de la práctica, empezamos a encontrar nuestro camino a casa y, de hecho, descubrimos que nuestro hogar ha estado siempre aquí, pero por alguna razón no hemos sido capaces de verlo. Hemos estado tomando refugio en otro "hogar" que no era realmente el nuestro.

El Sendero de Aplicación

El sendero de aplicación o sendero de unión, consiste en la meditación en las Cuatro Nobles Verdades, –la verdad del sufrimiento, la verdad del origen del sufrimiento, la verdad de la cesación del sufrimiento y la verdad del sendero que nos dirige fuera del sufrimiento. Es importante entender el sufrimiento para poder superarlo. Si no tenemos un reconocimiento total de que el sufrimiento es una realidad, es muy poco probable que hagamos cualquier esfuerzo real para superarlo. Así que primero debemos reconocer la existencia del sufrimiento completamente y de una manera realista.

Como parte de la práctica del sendero de aplicación hay cuatro meditaciones, cada una asociada a una de las Cuatro Nobles Verdades. Las cuatro meditaciones son: sufrimiento, impermanencia, vacuidad y ausencia de autoexistencia.

La Verdad del Sufrimiento

Varias meditaciones están conectadas con la primera Noble Verdad. La primera práctica es la meditación en el sufrimiento en sí. Se describen tres tipos diferentes de sufrimiento en las enseñanzas. Uno es "el sufrimiento condicionado": el hecho de que todo esté sujeto al cambio y que sea producto de causas y condiciones produce sufrimiento en nosotros de manera natural. Particularmente cuando las cosas son placenteras y gozosas, no queremos que las cosas cambien. Pero debido a que todo está sujeto al cambio, más tarde o más temprano tenemos que aceptar el hecho de que lo que solía producirnos placer dejará de hacerlo, o incluso se volverá la causa de la infelicidad. La vejez es un ejemplo del sufrimiento condicionado. Tanto si vamos al gimnasio como si no, o si nos hacemos una liposucción o un implante de pecho o vamos a un cirujano plástico para que nos quite las arrugas, el quid de la cuestión es que vamos a envejecer. Esto es algo que tenemos que aceptar. No estoy diciendo que la gente no deba tratar de verse más juvenil, pero necesitamos ser más realistas en estas cosas.

El segundo tipo de sufrimiento es el "sufrimiento del cambio". Esto incluye nuestra anticipación para que, si cambia nuestro trabajo o si cambia nuestra pareja, seamos felices. Pero dado que la mente no ha cambiado, el sufrimiento continúa.

El tercer tipo de sufrimiento es "el sufrimiento del sufrimiento". Ahora ya estamos sufriendo de algún modo, luego algo va peor y sufrimos todavía más. Todos estos sufrimientos pueden ser manejados si hemos hecho alguna práctica espiritual, porque entonces ya no estamos tan abrumados por esas experiencias. Pero si no nos hemos adiestrado, experimentaremos una angustia y una frustración reales. Así que no deberíamos pensar de las enseñanzas budistas del sufrimiento que son pesimistas o exageradas. No hay exageración, porque todos lo experimentamos cada día.

La siguiente meditación de la primera Noble Verdad es la "meditación en la impermanencia". Cuando estamos sufriendo, no miramos las causas y condiciones que han hecho aparecer esa experiencia de sufrimiento. Estamos tan absorbidos por la experiencia que olvidamos que la experiencia en sí es parte de las causas y condiciones. La intensidad de la experiencia impide penetrar en lo que ocurre.

La tercera práctica es la "meditación en la vacuidad". El practicante tiene que realizar que la experiencia del sufrimiento en sí no tiene una esencia o realidad duradera. Esto surge de la práctica de la meditación, como acabo de mencionar, al realizar que el sufrimiento es producido por causas y condiciones.

La última meditación asociada con la verdad del sufrimiento es la "meditación de la ausencia de autoexistencia". El practicante tiene que realizar que no hay un yo permanente, que no cambia que esté padeciendo todas esas experiencias desagradables. La creencia de que hay algo llamado "yo" o un "alma" que sea no cambiante y permanente es tan fuerte que es prácticamente instintiva. Incluso nuestro lenguaje nos condiciona a decir cosas como "mis sentimientos, mi recuerdo, mi cuerpo, mis pasiones, mis emociones, mis pensamientos, mis conceptos". Y apreciamos el yo como algo que existe por encima de todas esas cosas. Las enseñanzas budistas dicen que esto es algo completamente ficticio y fabricado por la mente.

Desde la perspectiva budista, el yo debería verse como algo dinámico y vivo, no estático y fijo. Si el yo fuera completamente no cambiante, no podría ser afectado por nada de lo que apareciese en la mente. Pero si no tuviera contacto con los pensamientos, sentimientos emociones y conceptos, entonces, ¿qué utilidad tendría el yo, incluso si existiera?

Poder experimentar las cosas de manera emocional y utilizar los pensamientos de manera creativa es lo que hace nuestra vida interesante. Cuando pensamos en nosotros mismos como en una entidad fija, cuando decimos: "Fui gravemente dañado", no podemos dejarlo seguir. Pero si pensamos en nosotros como en seres que están en un proceso dinámico continuamente, nuestra fijación en el pasado se reducirá notablemente. Entonces podremos realmente hacernos cargo de nuestras vidas. Somos capaces de trabajar con las experiencias del presente e incluso reconciliarnos con el pasado, así como tener también una mayor comprensión de cómo trabajar con nuestra situación futura. Este yo constantemente dinámico, es una idea importante en el budismo. Sin ella, no podemos hacer ningún progreso espiritual en absoluto.

El Origen del Sufrimiento

La siguiente de las Cuatro Nobles Verdades es la verdad del origen del sufrimiento. Según las enseñanzas budistas, la fuente del sufrimiento yace en el interior, en nuestro apego y ansia. Esto produce sufrimiento. Las injusticias que hay en el mundo, la pobreza y demás, también son reflejos de la mente individual. Básicamente, todas las diferentes clases de sufrimiento que experimentamos en el mundo tienen su origen en la mente, y son creadas por el ansia y el aferramiento.

La primera contemplación en la verdad del origen del sufrimiento implica las "causas". En lugar de pensar que el sufrimiento existe y que es un mero hecho, tenemos que mirar las causas. Tenemos que ver dónde se origina el sufrimiento, cómo se produce y de qué modo aparece. La siguiente es la contemplación del "efecto", una investigación sobre qué clase de efectos producen qué clase de causas. El Buda dijo que cualquiera que pueda entender la relación entre causa y efecto, entendería sus enseñanzas correctamente. Así que la causalidad es vista como algo central en el budismo.

La tercera contemplación es la contemplación de la "apariencia", que quiere decir mirar a la experiencia del sufrimiento en sí. La última contemplación es en las "condiciones". No hay sólo causas presentes sino también condiciones, para que los efectos lleguen a existir.

Estas cuatro contemplaciones tienen un propósito en común, que es corregir nuestro entendimiento de cómo suceden las cosas. Por ejemplo, mucha gente cree que la primera causa o la causa final, es alguna forma de Dios. Según las enseñanzas budistas, familiarizarse con las contemplaciones mencionadas anteriormente, corrige la clase de entendimiento que dice que hay primera causa o causa final, que hay un creador y demás.

La Cesación del Sufrimiento

La siguiente es la verdad de la cesación. Cesación significa que es posible acabar nuestra experiencia de sufrimiento y tormento mental. Es una posibilidad y puede hacerse. La primera contemplación de esta verdad implica la "convicción" de que las impurezas mentales pueden ser erradicadas y abandonadas. La segunda consiste en el "estado de quietud", que quiere decir que el sufrimiento puede ser completamente erradicado y que no habrá más sufrimiento cuando alcancemos el nirvana. Logramos la completa convicción de la posibilidad de lograr un estado de quietud permanente.

La tercera contemplación es la de la "excelencia" en el sentido de que nos damos cuenta que las experiencias de la meditación de Shamatha quedan lejos de la práctica espiritual real. Dicha meditación es incapaz de proporcionar al practicante la liberación final, que tiene que venir de vipashyana. La cuarta contemplación es sobre la "renuncia". Esta consiste en darse cuenta de que todas las tendencias engañosas de la mente, pueden abandonarse y que, en consecuencia, puede alcanzarse la liberación.

EL Camino a la Liberación del Sufrimiento

Ahora llegamos a las tres contemplaciones de la verdad del camino. La primera, implica contemplar el camino y verlo como un vehículo que puede transportarnos desde el samsara hasta el nirvana. No solo es posible acabar con el sufrimiento sino que comprendemos que hay métodos que podemos emplear para hacerlo. Y esto es en lo que consiste la contemplación del camino. La segunda contemplación es sobre el logro, mediante la que comprendemos que el camino que estamos siguiendo es el camino correcto y no tenemos ningún interés en desviarnos de él. La tercera contemplación es sobre la liberación. Nos damos cuenta de que siguiendo el Noble Óctuple Sendero podemos alcanzar la liberación, y que podemos ir más allá de la condición samsárica, con la que nos hemos vuelto tan familiares.

Contemplando las Cuatro Nobles Verdades de este modo, los practicantes del sendero de aplicación pueden desarrollar las cuatro etapas siguientes.

Cuatro Niveles de Realización

La realización fundamental de la práctica de la contemplación en las Cuatro Nobles Verdades es darse cuenta de que todo surge en base a causas y condiciones. Esta comprensión da lugar al primer nivel del sendero de aplicación, que se llama calor o "tummo" en tibetano. Tummo en este contexto se utiliza como una metáfora. Así como el calor es una indicación de la presencia de fuego, del mismo modo cuando el practicante ha llegado al primer nivel del sendero de aplicación, –que es el calor–, él o ella, empieza a experimentar el calor del fuego de la sabiduría o visión.

Igual que el fuego tiene la capacidad de quemar la madera o la basura y consumirla, de manera similar, la sabiduría tiene la capacidad de consumir los engaños y oscurecimientos de la mente. A la experiencia del calor le sigue el segundo nivel del sendero de aplicación, "tsemo", que significa "cumbre" o "cima". El practicante en este nivel ha podido trabajar y perfeccionar todas las cualidades positivas de una persona mundana.

Hasta que seamos capaces de alcanzar el tercer sendero, que es el sendero de la visión, cualquier cosa que hayamos desarrollado hasta ese momento, todavía está muy implicada en lo que llamamos las virtudes y cualidades mundanas en lugar de las supramundanas. La razón por la que las buenas cualidades que se han desarrollado en el nivel "cima" todavía están en el reino de lo mundano y no en el supramundano es que la verdadera visión/sabiduría se desarrolla en el nivel del sendero de la visión y no antes.

A la experiencia de "cima" le sigue lo que llamamos paciencia o "sopa" en tibetano. Esto no es paciencia en el sentido ordinario sino que tiene más que ver con la valentía. El practicante ya no tiene miedo de conceptos como impermanencia, no sustancialidad y vacuidad. En lugar de pensar en ellos como en algo negativo o atemorizante, el practicante tiene plena confianza en su realidad. La convicción real se establece en base a una actitud completamente libre de temor.

El sendero de aplicación culmina con el logro de la excelencia de las cualidades espirituales mundanas. Esto se conoce como "chöchok" en tibetano, que quiere decir "el dharma más excelente", pero en este contexto significa "los dharmas asociados con los logros mundanos". La experiencia suprema o las excelentes cualidades espirituales de la persona mundana producen una percepción que es muy similar a la de la persona en el sendero de la visión.

Según las enseñanzas, una vez que se ha alcanzado el segundo nivel del sendero de aplicación, es prácticamente imposible que el practicante vaya hacia atrás. Todas las cualidades que haya sido capaz de desarrollar permanecerán, y ya no puede ir hacia atrás. Después del nivel de la paciencia, no es posible caer en formas inferiores de existencia. Por ejemplo, si quieres ser músico y practicas cada día, te haces muy bueno en ello. Después, incluso si no practicas durante muchos años, es fácil retomarlo de nuevo. Pero si has sido mediocre en tu práctica y después la descuidas durante unos pocos años, cuando tratas de volver a ella, prácticamente tienes que empezar desde el principio otra vez. Es como si nunca hubieras aprendido música o lo que sea. Es lo mismo en la práctica del Dharma. Hacer alguna práctica espiritual tan a menudo como nos sea posible, a diario, es más fructífero que hacer mucha práctica durante un corto periodo de tiempo y a continuación no practicar en mucho tiempo.

La experiencia de las supremas o excelentes cualidades de la persona espiritual mundana, le conducen a la realización del sendero de la visión. Toma su nombre del hecho de que, por primera vez, el practicante tiene la verdadera visión de la realidad. Este sendero de la visión se ha logrado debido a que las "cinco facultades espirituales" se han desarrollado hasta su último nivel en el tercer nivel del sendero de aplicación. Estas facultades son: calor, esfuerzo, atención plena, concentración y visión o sabiduría. Igual que nuestros órganos físicos de los sentidos y las facultades nos permiten ver el mundo más claramente y funcionar mejor, del mismo modo, podemos percibir la realidad en su aspecto verdadero mediante el desarrollo de las cinco facultades espirituales.

El Sendero de la Visión

El último nivel del sendero de aplicación es el final del camino espiritual mundano. De aquí en adelante se denomina "el sendero espiritual supramundano". Este empieza con el sendero de la visión. En el budismo mahayana, el sendero de la visión coincide con la primera etapa o "bhumi" del bodhisatva. La razón por la que se llama sendero de la visión es que, por primera vez, el practicante se pone cara a cara con la realidad última y la percibe por vez primera. De ahora en adelante, cualquier cosa que haga es una actividad inmaculada. Uno ya no está atado al karma nunca más, porque sus acciones no le dirigen a la creación de un karma posterior.

La Visión de la Realidad Última

En las enseñanzas Shravaka, la visión de la realidad última se logra a través de retiros formales en los que el practicante experimenta los "dieciséis momentos de realización" –cuatro asociados con cada una de las Cuatro Nobles Verdades. Aquí, un "momento" no significa necesariamente sólo un momento de tiempo. Podría ser más parecido a lo que normalmente entendemos por un acontecimiento.

Las cuatro realizaciones asociadas con la primera de las Cuatro Nobles Verdades, empiezan con la "aceptación paciente" de la realidad del sufrimiento, seguida del "conocimiento dhármico" de la realidad del sufrimiento. Estos son los dos primeros momentos, y ambos competen al estado mental que se denomina del "reino del deseo".

A continuación, vienen los dos segundos momentos, que son la subsiguiente aceptación paciente de la naturaleza del sufrimiento y el subsiguiente conocimiento dhármico de la realidad del sufrimiento, asociado con los reinos de la forma y sin forma. Estos momentos de realización, son aplicados a las otras tres Nobles Verdades también, hasta que son alcanzados dieciséis de tales momentos.

Los reinos de la forma y sin forma hacen referencia aquí a que el practicante ha sido capaz de lograr estados alterados de conciencia. Mientras que los dos primeros momentos corresponden al estado normal de conciencia (el reino del deseo), los dos últimos momentos corresponden a estos estados alterados de conciencia (el reino de la forma y sin forma).

La "aceptación paciente" puede entenderse más como la comprensión intelectual, y el "conocimiento dhármico" quiere decir experiencia directa o "conocimiento directo no conceptual" de las Cuatro Nobles Verdades. La aceptación paciente, nos permite permanecer en el sendero de manera ininterrumpida, sin distracción, y la experiencia directa de la realidad nos ayuda a estar más cerca del logro de la liberación.

Aunque todo esto puede parecer un poco complicado, creo que es importante abordarlo de la manera en que se explica en las enseñanzas. Así es como el practicante shravaka realiza la realidad última en el sendero de la visión.

El sendero de la visión del bodhisatva acontece cuando el bodhisatva alcanza el primer nivel o bhumi. Él o ella logran penetrar en la realidad última, que es shunyata. Como he mencionado anteriormente, vacuidad o vacío en la enseñanza mahayana no se refiere a las cosas que no existen o están vacías como lo entendemos normalmente. Más bien, vacuidad significa que nada posee ningún tipo de sustancia o esencia duradera. La naturaleza del mundo fenoménico en sí misma es vacía. Existe una íntima relación entre la verdad última –que es la vacuidad– y la verdad relativa –que es el mundo empírico. Chandrakirti dijo que sin basarnos en la verdad relativa no comprenderemos la verdad última. Por lo tanto, no deberíamos decir que este mundo empírico es completamente ilusorio y no existente. Esa no es la visión mahayana de la vacuidad. Recapitulando además, pensar que todo tiene una existencia sustancial o inherente es caer en el otro extremo. Por eso se ha dicho que para comprender la vacuidad uno tiene que desarrollar la visión media, la visión que no cae en ninguno de los dos extremos del eternalismo o del nihilismo.

Normalmente somos incapaces de percibir las cosas en su verdadera perspectiva. Una especie de distorsión se ha introducido tanto en términos de nuestros órganos visuales como en términos de la mente. Las enseñanzas presentan ejemplos como confundir una cuerda con una serpiente. La cuerda está ahí, pero pensar que la cuerda es una serpiente es percibirla erróneamente. De modo similar, pensar que las cosas tienen alguna clase de existencia inherente, es comprender o percibir de manera errónea su realidad. Al mismo tiempo, pensar que no hay nada en absoluto es malinterpretar completamente lo que significa la vacuidad.

La diferencia entre realizar la no sustancialidad y realizar la vacuidad no es una diferencia de especie sino de grado. Según las enseñanzas, el bodhisatva, que comprende la vacuidad, tiene una comprensión más sutil de la naturaleza de las cosas que el shravaka, que comprende la no sustancialidad. La no sustancialidad es realizada mediante la contemplación de la causalidad. Si llegamos a familiarizarnos mucho con el modo en el que opera el nexo causal, nuestra comprensión de la no sustancialidad de las cosas se incrementará en gran medida, y de ahí surge la realización de la vacuidad. De otro modo, podemos aferrarnos todavía a alguna idea de un creador, por ejemplo, o a la noción de que el cambio es más como la transformación y que hay una realidad o sustancia no cambiante.

Diferentes teorías del atomismo dicen que los objetos burdos como las mesas y sillas cambian, pero son construcciones de átomos y esos átomos no cambian. Por consiguiente se cree que los átomos en sí mismos tienen alguna clase de existencia sustancial. Sin embargo, si nos familiarizamos con las ideas budistas de la causalidad y la vacuidad, podemos ver que estas teorías del atomismo son muy engañosas. Por esta razón Nagarjuna dijo que debido a la vacuidad, todo es posible. Si las cosas tuvieran una esencia fija, el cambio sería imposible. Sin cambio, nada podría ocurrir. Así, en lugar de pensar en la vacuidad como en algo negativo, deberíamos considerar que es debido a la vacuidad que el mundo puede funcionar. La vacuidad lo hace posible.

Las Siete Ramas de la Iluminación

EL bodhisatva del primer nivel, realiza la vacuidad por primera vez realizando las siete ramas de la iluminación. Estas consisten en: atención plena, conciencia, sabiduría discriminativa, esfuerzo, gozo, concentración y ecuanimidad. Estas cualidades en las siete ramas existen antes de que ellos hayan realizado el sendero de la visión, pero en esta etapa son capaces de madurarlas. Desde la perspectiva shravaka, estas cualidades se desarrollan desde la práctica del shamatha, vipashyana y la contemplación de las Cuatro Nobles Verdades. Desde la perspectiva del bodhisatva, se desarrollan desde la práctica de las seis paramitas. Tener estas cualidades ayuda en la comprensión de la realidad última, pero tener una comprensión mayor de la realidad última también ayuda en el desarrollo de estas cualidades.

Estas cualidades deben ser desarrolladas en el transcurso de tiempo. Por esta razón es tan importante la idea del adiestramiento y el cultivo en las enseñanzas budistas. Tenemos que aprender. Tenemos que educarnos. Tenemos que adiestrarnos. Solo entonces, dichas cualidades son actualizadas. Aquí no ayuda para nada una actitud de "todo o nada". Siempre debemos pensar en términos graduales. Tenemos más o menos atención, somos más o menos conscientes; nos aplicamos en mayor o menor grado y demás. Si pensamos que deberíamos tener todas estas cualidades completamente desarrolladas desde el principio, esperamos demasiado de nosotros mismos. Si este fuera el caso, ¡los cinco senderos serían redundantes!

En el budismo, es la sabiduría lo que nos libera del estado samsárico de insatisfacción, frustración y tormento mental, y no el desarrollo de la fe o las buenas acciones. Esto no significa que no debamos hacer buenas obras por supuesto, pero no son suficientes en sí mismas para obtener la liberación. Cuando tanto la compasión como los buenos actos se apoyan en la sabiduría, los practicantes son capaces de completar las condiciones suficientes necesarias para el logro de la iluminación. Cuando los practicantes alcanzan el sendero de la visión, se transforman completamente, y esta es la razón por la que el sendero de la visión equivale al logro del nivel supramundano de realización espiritual.

Hasta que los practicantes llegan al nivel del sendero de la visión, han estado más implicados en la creación de sabiduría, haciendo buenos actos, y quizá con cierta cantidad de meditación. No han podido desarrollar una visión en la verdadera naturaleza de las cosas hasta que alcanzan el nivel del sendero de la visión, en el que han experimentado directamente cómo son las cosas realmente, en lugar de cómo aparecen a las conciencias engañosas a través de los sentidos.

El Sendero de la Meditación

Al sendero de la visión le sigue el sendero de la meditación. Esto coincide con la segunda etapa del bodhisatva y se extiende hasta el décimo nivel. Aunque uno se implica en la práctica de la meditación desde el principio, –empezando en el sendero de preparación– en el sendero de meditación se empieza a tener ciertas experiencias y realizaciones que no están presentes previamente.

Los Dhyanas y Logros Sin Forma de Shamatha

Mediante la práctica de shamatha, podemos lograr el acceso a las áreas de la conciencia que anteriormente eran inaccesibles, como los cuatro niveles de dhyanas, o meditaciones de concentración, y los cuatro niveles de absorción. Los cuatro dhyanas son estados progresivos de concentración. Al principio, los pensamientos, conceptos y otros elementos están presentes también como experiencias emocionales de gozo y felicidad. A medida que avanzamos, la mente se vuelve más estable y concentrada, hasta tal punto que incluso esos procesos mentales dejan de operar. Las cuatro etapas a la concentración corresponden a nuestro estado normal de conciencia. Las cuatro absorciones corresponden a las zonas elevadas de nuestro desarrollo en términos de meditación; sin embargo, por sí mismos, no son necesariamente muy espirituales. Son simplemente estados alterados de conciencia de los que no habíamos sido conscientes anteriormente.

Mediante la meditación podemos experimentar sensaciones de felicidad y gozo, pero en el cuarto nivel de dhyana incluso estos desaparecen. Estos son seguidos por la primera absorción, que se conoce como "espacio infinito" o "namkha thaye" en tibetano. Namkha thaye significa que estamos en un estado de concentración tan profundo que nuestros sentidos ya no operan. No vemos, oímos o saboreamos nada, y por este motivo se conoce este estado de concentración como "espacio infinito". Esto no quiere decir que las cosas hayan dejado de existir. Simplemente significa que hemos sido capaces de llevar la mente a un estado de concentración tan profundo que todos los niveles burdos de funcionamiento mental y de impresiones sensoriales han quedado temporalmente suspendidos.

La experiencia de espacio infinito es seguida por la experiencia de "conciencia infinita", que en tibetano es "namshe thaye". Conciencia infinita aquí quiere decir que, cuanto más profundo vamos en el estado de conciencia, vemos que todo es en realidad conciencia; no hay sensación de dualidad entre sujeto y objeto.

El tercer nivel de absorción se llama "chiyang mepa" en tibetano, que quiere decir "no existencia". El estado de absorción ha llegado a ser tan profundo que realmente no tenemos ninguna experiencia, ni sentimientos, ni emociones, ni surgen pensamientos ni conceptos en la mente; por lo tanto, no hay nada.

El último estado de absorción es conocido como "no

percepción", que es incluso más profundo que el anterior, en el que ya sentíamos que no había nada; ¡es como pensar que no era lo bastante bueno! Tenemos que tener otro estado, en donde no tengamos siquiera la percepción de la no percepción. "No percepción" es "yömin memin", (ni existencia ni no existencia) en tibetano. Que quiere decir que, a diferencia del estado anterior, ni siquiera estamos pensando que no hay nada. Incluso ese pensamiento se ha abandonado.

Las Cuatro Moradas Divinas y Vipashyana

Como dije antes, la práctica de shamatha puede hacer que aparezcan niveles diversos de conciencia, en los que nuestra concentración se vuelve más enfocada, pero por sí misma es incapaz de crear cualidad espiritual real alguna en el continuo mental del individuo. Esto tiene que venir de la contemplación de las cuatro moradas divinas del amor, compasión, alegría y ecuanimidad, así como también de la práctica de vipashyana en la vacuidad, no sustancialidad y demás. Shamatha produce estabilidad en la mente. Sobre esa estabilidad, podemos trabajar con nuestras emociones mediante las cuatro moradas divinas y trabajar con nuestros pensamientos y conceptos a través de la práctica de vipashyana. Después podremos transformar nuestra meditación de manera que lo que logremos con la práctica de la meditación se vuelva supramundano.

En el budismo se considera correcto pasar por estados alterados de conciencia, pero incluso aunque seamos incapaces de lograr esos estados podemos lograr la iluminación. Ciertas personas tienen la capacidad de entrar en esos estados alterados, pero tales estados no son necesarios en el camino. Lo que es necesario es que, a través de la práctica de shamatha, aprendamos a estabilizar nuestra mente. Sin estabilidad mental, la mente está continuamente ocupada y distraída, tanto a través de los sentidos como en términos de actividades mentales, emociones y pensamientos. Un cierto nivel de estabilidad nos ayuda a dar a luz a la comprensión, que es esencial. La meditación penetrante produce la transformación espiritual del practicante, y la meditación de shamatha, en la que se desarrolla la estabilidad mental proporcionan las condiciones generales que hacen que surja la sabiduría. Esta es la razón de por qué ambos tipos de meditación son necesarios.

Cuando explicamos las cuatro moradas divinas, deberíamos asegurarnos de nuestra comprensión sobre las palabras que utilizamos. Sensación es "sorwa" en tibetano y "vedana" en sánscrito, y tiene que ser diferenciada de las emociones. Mientras que las emociones pueden ser hábiles e inhábiles, las sensaciones no lo son. Las sensaciones están estrechamente relacionadas con el cuerpo, mientras que las emociones son parcialmente físicas y parcialmente mentales. En occidente esta idea es muy novedosa. En filosofía y en teología, las emociones han sido íntimamente asociadas al cuerpo y, en consecuencia, se piensa que es algo que tenemos que aprender a controlar, en lugar de ser relacionadas con la mente.

El budismo dice que es posible trabajar con las emociones de manera positiva, porque no hay nada intrínsecamente erróneo en ellas. El problema yace en cómo tratamos con ellas, en cómo las experimentamos y expresamos. Así que podemos adiestrarnos y desarrollar habilidades para utilizar nuestras emociones para animarnos y hacer nuestra vida más enriquecedora, en lugar de provocar más problemas para nosotros y para los demás. Podemos aprender a crear un medioambiente más positivo, y esto es lo que la meditación en las cuatro moradas divinas implica.

La experiencia del bodhisatva del sendero de la meditación, tiene que ver con el resto de los diez niveles, o bhumis, del sendero del bodhisatva. A través de este camino, el bodhisatva es capaz de perfeccionar cada una de las seis paramitas –generosidad, preceptos morales, paciencia, vigor, concentración y sabiduría– mientras él o ella atraviesan los diferentes niveles del logro del bodhisatva. Las primeras perfecciones se practican en primer lugar porque es más fácil practicar la generosidad que la paciencia, por ejemplo. Mediante el adiestramiento, el bodhisatva realiza gradualmente todo el alcance y el potencial de las virtudes asociadas a las seis perfecciones. Después él o ella logran la budeidad, dado que la realización de las seis paramitas es equivalente a la budeidad. Una vez que se logra el décimo nivel del bodhisatva, el practicante se convierte en un ser plenamente iluminado o Buda. Él o ella han logrado entonces el ideal del bodhisatva del sendero de No Más Aprendizaje.

Habiendo atravesado los caminos y etapas descritos previamente, los practicantes logran el último de los cinco senderos, el sendero de No Más Aprendizaje, que equivale a la iluminación total de la budeidad. El practicante ha logrado el estado de Buda, al que denominan de los tres "kayas", que son los dos aspectos de un Buda, uno asociado con su forma corporal y el otro se refiere a su auténtico ser original. Por medio de acumular mérito uno obtiene la forma de un Buda, y acumulando sabiduría mientras se está en el camino, uno logra el aspecto sin forma, que es el estado original de un Buda.

Los cinco senderos forman parte de las enseñanzas conocidas como Lam Rim, el camino y las etapas, o "sa lam", que significa "el camino y bhumis o niveles espirituales. Lo que se presenta aquí es la idea de progreso espiritual. Empezamos nuestra andadura como seres sintientes ordinarios y confundidos, nuestras mentes completamente gobernadas por la ignorancia y los engaños. Gradualmente, tiene lugar la purificación de la mente mientras la sabiduría y la visión aumentan y nuestros engaños e ilusiones empiezan a decrecer y desaparecen. Con el tiempo, ya no habrá más confusión en la mente; la sabiduría ha florecido y madurado bajo el aspecto de la mente de Buda.

Las enseñanzas del camino se presentan de un modo muy progresivo y evolucionista. Este acercamiento se llama "rimgypa" en tibetano, y quiere decir "acercamiento paso a paso". Pero este no es el único acercamiento al camino. Hay otro más, "chikcharwa" en tibetano, en el que se enfatiza la posibilidad de la iluminación repentina. La tradición Kagyu, –a la que pertenecemos– hace uso de ambos acercamientos. Por ejemplo, Gampopa emplea el método gradualista en su obra "La Joya del Ornamento de la Liberación", Que es un texto muy importante para la tradición kagyu. Al mismo tiempo hay otra parte de la tradición procedente de las enseñanzas del mahamudra, Que hace hincapié en el acercamiento de la iluminación repentina. Así que es importante para nosotros poder reconciliar las diferencias entre estos dos acercamientos.

Necesitamos darnos cuenta de que el camino y las etapas como se presentan en las enseñanzas del sutra, no deben ser tomadas de una manera demasiado literal. Por ejemplo, se dice en los sutras que el bodhisatva debe permanecer en el mundo samsárico durante tres incontables eones antes de que alcance la budeidad. Incluso la naturaleza de Buda –el potencial para la iluminación que existe en el continuo mental del individuo es algo considerado como una potencialidad en lugar de una realidad en la tradición del sutra. Según esta perspectiva, actualizarla significa entrar en el sendero del bodhisatva y atravesar todas las diferentes etapas de este camino para lograr la budeidad. Así que el concepto de la naturaleza de Buda es visto como un potencial que tiene que llevarse a la superficie a través de un largo periodo de práctica. No puede lograrse instantáneamente, según las enseñanzas del sutra. Sin embargo, como iremos viendo, cuando se traslada la explicación a las tradiciones del tantra y el mahamudra, esta no es la visión de todas las escuelas budistas.

Budeidad

Los Tres Kayas

Dos Clases de Buda

La idea de los tres kayas se asocia con la aspiración última de los practicantes. Simboliza el objetivo final que les gustaría alcanzar. Generalmente, hablamos de los dos niveles de verdad, la base como punto de partida, las dos acumulaciones de mérito y sabiduría como camino, y los dos tipos de Buda (kaya) como el logro. Como punto de partida, empezamos a observar nuestra percepción del mundo y de nosotros mismos. Comprendemos que muchas de nuestras experiencias son construcciones conceptuales. No hay realidad en ellas porque son insustanciales. Con esta realización, nos hacemos una idea de la realidad absoluta. En este sentido, uno utiliza la idea de los dos niveles de verdad como el punto de partida. Cuando nos embarcamos en el sendero, la idea de trabajar por el beneficio de los demás se vuelve importante. Esto se logra al implicarse en las acciones del bodhisatva tales como generar compasión. Esto siembra las semillas para lograr el "cuerpo de la forma" de un Buda (rupakaya). Al mismo tiempo, mientras uno va incrementando su propia visión y sabiduría, esto un día se manifiesta como el desarrollo total del "aspecto sin forma" de un Buda (arupakaya). El aspecto sin forma se denomina "dharmakaya". Los tres kayas son una extensión de los dos kayas porque, tanto el sambhogakaya como el nirmanakaya se incluyen en el "cuerpo de la forma", mientras que el dharmakaya es el aspecto "sin forma". Por lo tanto, tenemos esencialmente dos aspectos de un Buda o dos aspectos de la iluminación. Esta es la realización de estos aspectos que son el objetivo básico de la intención básica del practicante.

Un Estado Existencial

Ahora, la idea de los tres cuerpos no debe llevarnos a conclusiones erróneas pensando que hay alguna clase de entidad, o tres clases diferentes de entidades de las que se habla aquí. El dharmakaya –el cuerpo sin forma– y el sambhogakaya –uno de los cuerpos de la forma–, no hacen referencia a ninguna clase de entidad como tal sino más a cierto estado de ser existencial. En lo que se refiere a la idea del dharmakaya o el cuerpo sin forma, esto es algo que está siempre presente. El dharmakaya sólo es redescubierto. No es algo que se cree o que hagamos que se manifieste de nuevo. Y lo mismo puede ser dicho del aspecto del sambhogakaya, que tiene más que ver con la capacidad de la mente de manifestarse de un modo que es capaz de expresar todas las potencialidades de las cinco sabidurías. Como tal, el aspecto del sambhogakaya está relacionado con los poderes mentales.

El aspecto del nirmanakaya es el único que ha sido creado de nuevo. El nirmanakaya es el resultado de haber purificado el propio cuerpo, palabra y mente. De este modo, el cuerpo físico deja de ser un emplazamiento de toda clase de tendencias negativas indeseadas como el deseo excesivo. Al contrario, se vuelve un vehículo que puede tener un poder extraordinario para trabajar con los demás y beneficiarles. Por lo tanto, el nirmanakaya es el aspecto físico de un ser iluminado. Se dice que es nuevo porque es algo diferente.

Por lo que a los aspectos del sambhogakaya y el dharmakaya se refiere, ya están presentes en cada ser sintiente. Es un tema de si uno es capaz de llegar a su realización o no.

Las Dos Purezas del Dharmakaya

El dharmakaya es la encarnación de lo que se conoce como las dos purezas. Un aspecto del dharmakaya es completamente vacío, completamente abierto. Nunca ha sido corrompido por las experiencias del conflicto emocional o confusión conceptual. Así que hay un sentido primordial de pureza. Conforme nos empezamos a purificar de los engaños en el camino, trabajando con nuestros conflictos emocionales y confusiones conceptuales, desarrollamos el aspecto temporal de la pureza del dharmakaya.

Cuando empezamos a realizar las dos purezas, podemos manifestarnos bajo la forma del sambhogakaya. Sin embargo, el sambhogakaya no es algo que pueda ser percibido por los seres ordinarios. Necesitaríamos tener una mente purificada para percibir y comunicarnos con el aspecto del sambhogakaya. Aunque una persona pueda estar manifestando toda clase de poderes mentales, si la audiencia está limitada en cuanto a su capacidad y sujeta a toda clase de ilusiones, no será capaz de percibir la manifestación del sambhogakaya. Por esta razón los Budas siempre trabajan a través del aspecto del nirmanakaya, porque el nirmanakaya permite a un Buda operar físicamente por el beneficio de los demás. Un Buda puede comunicarse verbal y mentalmente a través de su propia expresión física, que es el aspecto del nirmanakaya.

No deberíamos pensar que estos tres kayas son completamente independientes uno de otro. Están interrelacionados, y cuando llegan a desplegarse por completo, son inseparables. Los aspectos de la forma del sambhogakaya y el nirmanakaya se manifiestan desde el dharmakaya. Por lo tanto ambos cuerpos de la forma dependen del cuerpo sin forma, porque este el origen sobre el que se basan estos otros dos cuerpos de la forma. El dharmakaya hace referencia a un estado de ser indiferenciado. No podemos hablar del estado de la confusión ni del estado de la iluminación refiriéndonos a él, porque el dharmakaya es en un sentido atemporal y ahistórico. No podemos atribuirle cambio o transformación, porque el dharmakaya es un estado de ser totalmente indeterminado.

Debido a esta indeterminación, el dharmakaya pude dar lugar a ciertas características o aspectos deterministas. Así, tenemos al sambhogakaya y al nirmanakaya que surgen de él. Puesto que el dharmakaya es pasivo por naturaleza, no puede manifestarse como un buen medio para trabajar con los demás y por su beneficio. Esto se lleva a cabo mediante la realización del sambhogakaya y del nirmanakaya. La razón por la que los denominamos "cuerpos de la forma" no es que sean realmente cuerpos físicos sino porque son manifestados y determinados, en contraposición con el dharmakaya, que es inmaterial e indeterminado.

El sambhogakaya es determinado porque se manifiesta en una variedad de maneras. Sin embargo, esto no significa que el sambhogakaya no sea físico. El sambhogakaya da lugar al nirmanakaya, y este último kaya es físico en su esencia. El nirmanakaya es por lo tanto la manifestación del ser, la encarnación de los otros dos kayas. La realización del sambhogakaya puede manifestarse a través del nirmanakaya, porque el nirmanakaya está situado históricamente. Podemos hablar de Buda Sakyamuni logrando la iluminación en Bodhgaya, dando a continuación enseñanzas en Varanasi, y un día, logrando el parinirvana (la completa iluminación en el momento de la muerte) en Kushinagar, porque estamos describiendo al Buda Shakyamuni en su aspecto del nirmanakaya. Sin embargo, no podemos atribuir ningún tipo de temporalidad a los aspectos del sambhogakaya o dharmakaya porque éstos no están históricamente situados. Ellos son siempre manifiestos y están siempre presentes.

El sentido primordial del aspecto del sambhogakaya está simbolizado por Vajradhara, el Buda Primordial que es la representación de la realidad última. Es el sostenedor del cetro o vajra, que simboliza la perenne veracidad de la realidad. No está sujeto al cambio y la transformación y no necesita ser actualizado. El vajra no se puede convertir en algo relativo o convencional porque es constantemente la verdad. Por consiguiente, "sostenedor" remarca la importancia de poseerlo, de ser capaz de sostener la eterna veracidad de la realidad.

Sambhogakaya

Sambhogakaya se dice lonchö dzokpe ku en tibetano. Lonchö quiere decir "hacer uso de" o "permitirse", dzokpe quiere decir "gozo perfecto" y ku significa "cuerpo". Por lo tanto, la esfera del sambhogakaya es el estado de felicidad suprema. Está siempre inmerso en un estado de gozo incesante. Se dice que el sambhogakaya no se manifiesta en ninguna clase de localización espacial o física. Se manifiesta en un lugar llamado Akanistha (Ogmin), que no es en realidad un lugar, porque no está localizado en ninguna parte. Ogmin quiere decir "no oculto". Es un lugar que no está en ninguna parte, que lo abarca todo. Como tal, Ogmin o Akanistha hace referencia a la vacuidad (shunyata). El Maestro Vajradhara se manifiesta en Akanistha. Sin embargo, el sambhogakaya no encarna las enseñanzas ordinarias de los tres yanas sino las enseñanzas más esenciales del supremo tantrayana. Estas enseñanzas son eternamente significativas, porque el significado de las enseñanzas no es relativo a situaciones históricas.

Este aspecto del sambhogakaya sólo es perceptible a personas avanzadas dotadas de unas mentes extraordinariamente lúcidas y perceptivas. Por lo tanto, la audiencia de este reino de Akanistha son únicamente los seres con avanzadas realizaciones. Desde el punto de vista del nirmanakaya, sin embargo, hay un personaje histórico que presentó las enseñanzas de los tres yanas en una localización física particular. En este contexto, la audiencia podría estar constituida por seres con capacidades diversas disposiciones e inclinaciones.

Con todo, se dice que sólo podemos hacer esta distinción entre sambhogakaya y nirmanakaya desde una perspectiva externa. En términos de la propia experiencia del Buda no podemos hablar de si una precede a la otra, o de que el sambhogakaya sea superior al nirmanakaya. Tampoco podemos decir que el sambhogakaya se manifieste en primer lugar y que el Buda sólo realiza el aspecto del nirmanakaya después. Sin embargo, si lo miramos de un modo conceptual, podemos hacer una distinción entre los dos, aunque esta distinción sea imposible de hacer en el nivel experiencial de la realidad.

El aspecto del sambhogakaya está dotado con las así llamadas "cinco coincidencias auspiciosas" (phünsum tspa). La primera coincidencia auspiciosa es la del lugar, que quiere decir que el sambhogakaya se manifiesta en el lugar de Akanistha. La segunda coincidencia auspiciosa es la emergencia del Buda, o el Maestro físico. En este caso en concreto, es el aspecto del nirmanakaya del que se ha hablado, o el Maestro físico dotado con toda clase de cualidades. La tercera coincidencia auspiciosa es la manifestación de las enseñanzas. En este caso, las enseñanzas hacen referencia a la esencia pura de las manifestaciones tántricas, que ni siquiera están presentadas en forma de enseñanza escrita. Si el significado de esas instrucciones esenciales es practicado y realizado, se puede lograr el estado iluminado en una sola vida. La cuarta coincidencia auspiciosa es la convergencia de la audiencia adecuada. Esta audiencia está formada por seres como los bodhisatvas, dakas y dakinis (seres masculinos y femeninos avanzados espiritualmente) y otros que están avanzados en el camino. La quinta coincidencia auspiciosa ese el tiempo. Esta es una condición complicada porque, en términos de las enseñanzas del sambhogakaya, al contrario que con el nirmanakaya, el pasado, presente y futuro no son un marco conceptual relevante. No podemos hablar de ellos en términos de historia. Podemos decir que las enseñanzas del aspecto de nirmanakaya del Buda se dieron en cierto momento de la historia, y podemos especular con si esas enseñanzas pudieron cesar en un momento dado. Sin embargo, no podemos decirlo en referencia a las enseñanzas que contiene el sambhogakaya, por que éstas no tienen relación con ningún fenómeno histórico.

El sambhogakaya tiene ciertas cualidades en lo que respecta a la coincidencia auspiciosa del maestro. Una de ellas se denomina "las cualidades de las ramas". Al contrario que el aspecto del nirmanakaya, uno no puede decir que el sambhogakaya deje de existir. Las siete ramas siguientes son por lo tanto lo que diferencia las cualidades del sambhogakaya respecto a las del nirmanakaya, que es el otro cuerpo de la forma de un Buda.

I. La rama de la inmersión: El aspecto del sambhogakaya está completamente inmerso en las enseñanzas Mahayana.
II. La rama de la coexistencia: El aspecto del sambhogakaya nunca ha estado corrupto, y por lo tanto, se manifiesta en conjunción con la sabiduría.
III. La rama de la plenitud: El aspecto del sambhogakaya está completamente inmerso en la verdad.
IV. La rama de la no sustancialidad: El sambhogakaya no es sustancial y carece de existencia inherente.
V. La rama de la compasión infinita: El aspecto del sambhogakaya está plenamente imbuido por intereses compasivos, que se manifiestan desde el aspecto del dharmakaya. Al estar imbuido en la compasión, dirige su atención hacia otros seres sintientes.
VI. La rama de la no cesación: La gran preocupación del sambhogakaya por otros seres sintientes está siempre

presente y es incesante.

VII. La rama de la eterna manifestación: El sambhogakaya no puede dejar de ser y se manifiesta a través de los tiempos.

Tradicionalmente se dice que la relación entre el dharmakaya, sambhogakaya y nirmanakaya es como el cielo, las nubes y la lluvia. El cielo corresponde al aspecto del dharmakaya, las nubes al aspecto del sambhogakaya y la lluvia a la manifestación del nirmanakaya. Del mismo modo, ese espacio o cielo no es un producto condicionado, el dharmakaya es también algo no condicionado. No surge debido a causas y condiciones y por consiguiente es un estado indeterminado. Sin embargo, igual que el espacio da lugar a la formación de nubes, el dharmakaya da lugar a las diferentes manifestaciones del sambhogakaya.

Un ejemplo del modo en que el budismo entiende el dharmakaya puede encontrarse en el texto "Dü ma che" (Asamskara), que dice que el dharmakaya es el estado que precede tanto a la confusión como a la sabiduría. Existe antes de que aparezca cualquier noción dualista. Eso significa que, incluso antes de que experimentemos algo, está este estado del dharmakaya, este estado incondicional que ha surgido espontáneamente, no como producto de causas y condiciones. Este estado es neutro porque no es ni positivo ni negativo; la idea de dualidad no se aplica aquí. Aún así, al mismo tiempo, está la presencia de la autoconciencia. Este estado del dharmakaya nunca ha sido contaminado por conflictos emocionales o confusiones conceptuales. Por lo tanto, uno no puede hablar en términos de samsara o nirvana en relación a él. Antes de que tuviéramos cualquier idea de budas o seres sintientes, había un estado que era absolutamente puro, no corrupto y autoconsciente. Este dharmakaya es la base o la matriz de todas las experiencias que se manifiestan. No importa si uno es un ser del reino de los infiernos o un buda; la presencia de este substrato particular o matriz es la misma. El dharmakaya es un estado no diferenciado, la fuente primaria para las experiencias conscientes.

El dharmakaya, al ser un estado, no es una entidad; no es una cosa. Es incondicional, y es permanente. Por esta razón se ha dicho que el dharmakaya no es un producto de causas y condiciones. No obstante, cuando el dharmakaya se describe como permanente, esto no significa que haya una entidad que dure para siempre. El dharmakaya no es una entidad; no es nada y no puede decirse que sea permanente en ese sentido. Es permanente en el mismo sentido que el cielo puede decirse que es permanente. El cielo es permanente porque es incondicional; nunca ha surgido y por lo tanto no puede dejar de existir.

Este estado no condicional da lugar a todas las experiencias condicionadas del samsara y el nirvana, confusión y sabiduría, así como también a las confusiones conceptuales, conflictos emocionales y demás. Estas diferentes manifestaciones de la mente, están relacionadas con el aspecto del sambhogakaya, que también se manifiesta desde este estado indiferenciado. Por lo tanto, trabajar con la propia mente a través de la visualización de deidades, la recitación de mantras y demás, es también una manera de invocar la energía del sambhogakaya. Si se tiene éxito en estas prácticas se pueden tener diferentes tipos de visiones, incluso manifestaciones de muchos tipos. El sambhogakaya puede manifestarse en ciertas situaciones significativas o simbólicas en la propia vida. La historia de Naropa es un ejemplo excelente de esta experiencia. Naropa era un maestro en la Universidad de Nalanda en la India. La historia cuenta que una vez Naropa estaba dando un paseo cuando se encontró con la mujer más horrible que había visto jamás. Ella le preguntó si conocía las enseñanzas del budismo. Él le contestó afirmativamente alegando que era maestro de la Universidad de Nalanda. Ella empezó a cantar y bailar como reacción ante su respuesta, lo que dejó perplejo a Naropa. Después le preguntó si, además, conocía el significado de las enseñanzas budistas. Sin embargo, esta vez cuando él le dijo que sí, la anciana mujer empezó a llorar y a sollozar. A continuación le hizo caer en la cuenta de que todo su conocimiento era meramente intelectual o conceptual y que había descuidado completamente su lado intuitivo. La horrible anciana representaba los aspectos emocionales o intuitivos de su mente. Esta visión fue una llamada simbólica desde la dimensión del sambhogakaya, una experiencia reveladora de algún modo.

Uno puede tener una variedad de experiencias de esta naturaleza en términos del aspecto del sambhogakaya. Se dice que el sambhogakaya se comunica en lenguaje simbólico, y que no se manifiesta mediante palabras, descripciones o explicaciones, sino a través de respuestas intuitivas a las experiencias. Las visiones y los sueños son un ejemplo de todo este lenguaje simbólico. En este contexto, hay otra lista relacionada con el aspecto del sambhogakaya además de las siete ramas mencionadas anteriormente. Estos son los ocho tipos de poder y enriquecimiento (wangchuk gye).

1. El poder del enriquecimiento del cuerpo (ku yi wangchuk) quiere decir que el poder del cuerpo se vuelve tan grande que todas las cosas de naturaleza samsárica o de la naturaleza del nirvana quedan completamente subyugadas. Uno se carga completamente de ellos y se enriquece con todas las cualidades y cosas positivas que viene de esto.
2. El poder y enriquecimiento de la palabra (sung gi wangchuk) quiere decir que la capacidad de comunicación es capaz de asimilar todos los elementos verbales esenciales, tanto del samsara como del nirvana. Uno se enriquece y llega a estar capacitado para hacer pleno uso de ello.
3. El poder y enriquecimiento de la mente (thuk kyi wangchuk) quiere decir que uno es capaz de integrar los

poderes mentales, tanto en relación al samsara como al nirvana. Uno se vuelve capacitado y enriquecido con todas las diferentes posibilidades de la manifestación mental.

4. El poder y enriquecimiento del milagro (dzutrül kyi wangchuk) quiere decir que la capacidad de utilizar las tres puertas de cuerpo, palabra y mente es tal que uno ya no está confinado a los modos convencionales de expresión. Uno es capaz de ir más allá de ellos y desplegar poder de maneras fuera de lo normal.
5. El poder y enriquecimiento que continúa siempre (küntu dro wangchuk) quiere decir que uno está continuamente impulsado hacia la acción, hacia la intención en términos de llevar a cabo cosas para beneficiar a los demás. De nuevo, uno llega a estar completamente dotado de la variedad de poderes relacionados con las cualidades samsáricas y del nirvana.
6. El poder y enriquecimiento del lugar (ne kyi wangchuk) significa que el sambhogakaya está ubicado en Akanistha, la esfera básica de la realidad. Por lo tanto, uno se torna enriquecido y facultado en ese sentido porque el sambhogakaya está inseparablemente unido con la realidad.
7. El poder y enriquecimiento de la sensualidad (dö-pe wangchuk) está conectado con la idea de que el sambhogakaya es inseparable y va al unísono con su homólogo femenino. Tanto si uno lo llama la Madre de Todos los Budas, Aquella que Carece de Esencia Sustancial, Vajravarahi, o Vajrayoguini, va siempre al unísono con el sambhogakaya. La experiencia del sambhogakaya está siempre produciendo el gran gozo de ser al unísono, que también es la expresión del mahamudra. Uno queda capacitado y enriquecido con la capacidad de manifestar sabiduría, o prajña (sherab).
8. El poder y enriquecimiento de realizar todos los deseos quiere decir que el sambhogakaya está intrínsecamente

dotado con todos los dones mundanos y supramundanos. Los dones mundanos (lokasiddha) se refieren a las capacidades como las percepciones extrasensoriales, clarividencia, clariaudiencia y telepatía. Estas capacidades son el resultado de diferentes realizaciones espirituales.

Nirmanakaya

Si uno es capaz de sintonizar con el sambhogakaya, se puede manifestar bajo el aspecto del nirmanakaya. Se dice que hay tres clases diferentes de nirmanakaya. El nirmanakaya de los objetos (zo yi tulku), el nirmanakaya del nacimiento (kyewe tulku) y el nirmanakaya de lo absoluto. El nirmanakaya de los objetos se refiere a las estatuas y otros objetos sagrados venerados como símbolos religiosos. El nirmanakaya del nacimiento se refiere a los seres altamente evolucionados que continúan reencarnándose para el beneficio de los demás. Por este motivo a los tulkus (encarnaciones) se les denomina tulkus, porque se manifiestan en diferentes formas del nirmanakaya para beneficiar a los demás. El nirmanakaya de lo absoluto se refiere a la gente que ha realizado completamente la budeidad. Así pues, el nirmanakaya puede manifestarse de estas diferentes maneras.

Cuatro Modos de Compasión

Tanto el nirmanakaya como el sambhogakaya van dirigidos a ayudar a los demás. Una vez se ha podido dar a luz a la iluminación, uno se siente automáticamente movido e impulsado a trabajar por el beneficio de los demás. La gente pregunta a menudo cómo podemos trabajar por el beneficio de los demás una vez que hemos superado completamente las nociones dualistas de todo tipo. Porque entonces no hay distinción entre el objeto de la compasión y el agente que practica la compasión. Algunas personas ven un problema aquí porque tales acciones pueden dar a entender que un buda debe estar sujeto, aún así, a nociones dualistas, pensando que hay seres sintientes que existen como objeto de su compasión. Tradicionalmente, sin embargo, se dice que no hay en realidad ningún problema aquí ya que la consciencia que tiene un buda de los seres sintientes como objeto de compasión no es el resultado de un pensamiento dual. El Buda no genera compasión en base a un plan deliberado. ¿De qué manera entonces genera compasión un buda? Se dice que hay cuatro modos en los que el nirmanakaya y el sambhogakaya generan compasión. El primero se llama la manifestación siempre presente de compasión. Esto significa que la compasión es parte de las características de la realización del sambhogakaya. La compasión siempre ha estado ahí; Nunca puede extinguirse o decir que sólo se manifiesta en un punto particular. En este sentido, la compasión del sambhogakaya es inagotable. Incluso si el Buda pasara al parinirvana, la manifestación de la compasión no cesa. Porque incluso si el nirmanakaya deja de manifestarse por un momento, esta energía despierta continúa manifestándose en el nivel del sambhogakaya. Por ejemplo, se dice que, desde el punto de vista del sambhogakaya, los budas no pasan al parinirvana. Los dharmas no dejan de ser propuestos, porque en el nivel del sambhogakaya las enseñanzas permanecen personificadas en la experiencia del sambhogakaya. El aspecto del nirmanakaya solo se manifiesta y se disuelve para ayudar a los seres sintientes que están subyugados por la pereza. Sin embargo, no hay tal llegar a ser o salir de la experiencia en el nivel del sambhogakaya. Así pues, la manifestación de la compasión es omnipresente.

El segundo modo se conoce como la compasión que se manifiesta espontáneamente sin ninguna provocación. Esta manifestación de la compasión se describe como una resonante preocupación. Se dice que la compasión surge como respuesta a ciertas situaciones sin ningún juicio, sin ninguna interpretación conceptual y sin basarse en criterios de esa naturaleza. Se da la imagen del sol iluminando la oscuridad o de la luna reflejada en el agua. La compasión está siempre presente de esta manera. Se manifiesta espontáneamente y automáticamente sin compulsión o ser evocada.

El tercer modo es denominado compasión en términos de encontrarse con el objeto adecuado. Sólo los seres capaces de responder a la manifestación del sambhogakaya reciben esta compasión. Por lo tanto, el objeto de compasión y la clase de compasión que ellos reciben se corresponden uno con el otro. La compasión del sambhogakaya y la compasión del nirmanakaya se manifiestan de manera que sea adecuada a los tipos de persona que hay. De este modo, los diferentes tipos de seres, con sus diferentes tipos de disposiciones y predilecciones, son capaces de recibir esa compasión dependiendo de su nivel de comprensión y evolución.

El cuarto modo es la compasión que ha sido requerida. Este tipo de compasión tiene dos aspectos. La respuesta compasiva que ha sido evocada de manera general y la respuesta compasiva que ha sido evocada de manera más específica. Evocar una respuesta compasiva de un modo general quiere decir que el ser iluminado que se está manifestando como el aspecto del sambhogakaya en la vacuidad, sale de ese estado debido a la compasión. En otras palabras, la compasión mantiene al Buda activo en el mundo. La respuesta compasiva que ha sido evocada de manera más específica es la compasión que surge como respuesta a las situaciones actuales en este mundo en particular. Por ejemplo, cuando el Buda alcanzó la iluminación, no empezó a enseñar automáticamente. Se le tuvo que pedir que enseñara y que trabajara por el beneficio de los demás. Así se manifestó su compasión. Se dice que cualquier solicitud de compasión hacia el lama o el yidam se manifiesta de esta manera específica.

Los Dos Aspectos de la Enseñanza del Buda

Vemos por lo tanto, que la compasión puede manifestarse en relación al sambhogakaya y el nirmanakaya de estos cuatro modos. El subproducto de la manifestación de la compasión del sambhogakaya es la compasión que se manifiesta en el área pública a través del vehículo del nirmanakaya. Esto está relacionado con las enseñanzas que da un ser iluminado. Las enseñanzas, desde un punto de vista budista, tienen dos aspectos. Uno se llama "ka", que son las enseñanzas que salieron de los propios labios del Buda. El otro se denomina "tengyur" que son los comentarios e interpretaciones basados en las propias enseñanzas del Buda.

El "ka" tiene tres aspectos. El primero es la enseñanza que el Buda dio literalmente (shal ne sungpe ka) y el segundo son las enseñanzas inspiradas por el Buda en su presencia (chin gyi lape ka). Esta última categoría quiere decir que incluso aunque el Buda estaba presente en ese momento, Él no dio directamente la enseñanza, sino que animó o inspiró a alguien que estaba presente como Avalokiteshvara– o actuó como portavoz de sí mismo. Por lo tanto, aunque el Buda no diera literalmente las enseñanzas, tienen la misma autoridad que las enseñanzas dadas directamente por el Buda, en el mismo grado que si hubieran salido de su boca. Finalmente, tenemos las enseñanzas que fueron legadas a otra generación de practicantes (jesu nangwe ka). Estas enseñanzas no han sido presentadas realmente durante la vida del Buda pero fueron invocadas, redescubiertas o dotadas de un nuevo ímpetu por otra generación. Sin embargo, es como si el propio ímpetu viniera del mismo Buda.

El tengyur, o los comentarios, tiene dos aspectos. Uno es el aspecto doctrinal y el otro es el aspecto experiencial. Estos dos aspectos deben corresponder. Si alguien ha estudiado y aprendido las enseñanzas intelectualmente, se debe hacer que dichas enseñanzas se correspondan con la experiencia interna personal. No hay una sola doctrina que pueda denominarse como la enseñanza última del budismo. Se dice que a través de su infinita sabiduría, compasión y el ejercicio de medios hábiles, el Buda fue capaz de diseñar muchas clases de métodos y muchas interpretaciones. Sin embargo hay muchos niveles de interpretación y muchos niveles de comprensión. Como dijo Nagarjuna: "El Dharma del Buda es inmenso, como el océano. Dependiendo de las aptitudes de los seres, se expone de diferentes maneras. A veces se habla de existencia y a veces se habla de no existencia. A veces se habla de eternidad y otras veces se habla de impermanencia. A veces de felicidad y otras veces de sufrimiento. A veces del yo y otras del no yo" y así. Luego continúa diciendo: "Así son las muchas y diversas enseñanzas del Buda".

Los Tres Giros de la rueda del Dharma

En las primeras enseñanzas hinayana –entendidas como el primer giro de las Rueda del Dharma– el Buda niega la existencia de un yo permanente y sustancial, pero no entra en una explicación elaborada del tema en relación a la vacuidad. En el segundo giro de la Rueda del Dharma, se introducen las enseñanzas del vacío de los fenómenos. Aquí está tanto la idea de la no sustancialidad o vacuidad del yo como la vacuidad de los fenómenos externos. Después, en el tercer giro de la Rueda del Dharma se introduce la idea del "tathagatagarbha" o naturaleza de Buda. En estas enseñanzas la negación de un yo o ego o alma inherentemente existente, se integra con un incorruptible principio espiritual llamado el tathagatagarbha, la naturaleza de Buda que permanece impoluta ante las pasiones y confusiones conceptuales de la mente.

Por tanto, se dan diferentes niveles de enseñanzas. A veces estas enseñanzas pueden ser contradictorias entre sí e incluso contradecir las propuestas de la otra. Sin embargo, se dice que las enseñanzas se presentaron de ese modo para llegar a la más amplia audiencia. La gente requiere enseñanzas adecuadas a sus diferentes niveles de comprensión, aptitudes y disposiciones. Buda dio enseñanzas de tal manera que pudieran ser entendidas en muy diferentes niveles. El método mahayana de resolver la manera en que las enseñanzas contienen el significado esencial del budismo, y que son secundarias y superficiales, era introducir la distinción entre enseñanzas interpretativas y definitivas.

Las enseñanzas interpretativas son llamadas "trangdön" (niyartha). "Trang" quiere decir "liberar"; "dön" quiere decir "significado". Estas enseñanzas contienen significados que han sido dadas con la intención de liberar a otros. Esto no debería tomarse necesariamente de manera literal, sino que tiene sus propias funciones. Por ejemplo, todas las inverosímiles, extraordinarias e increíbles historias que se cuentan en los sutras y los shastras sobre las milagrosas actividades de los bodhisatvas. Hay enseñanzas en las que el Buda podría haber dicho incluso que hay un yo, o algo de esa naturaleza. Se dice que estas son enseñanzas interpretativas porque se cuentan para inspirar a las personas. Su significado, por lo tanto, requiere ser entendido en este contexto.

Las enseñanzas definitivas se conocen como "ngedön" (nitartha). Estas enseñanzas generalmente conciernen a la vacuidad. Todas las enseñanzas que atañen a la vacuidad deberían ser tomadas literalmente. Desde el punto de vista mahayana, todas las enseñanzas que conciernen a la vacuidad se deben tomar como definitivas, y todas las demás como interpretativas.

Sin embargo, todavía tenemos un problema aquí porque no todas las diferentes escuelas del budismo están de acuerdo sobre qué enseñanzas son interpretativas y cuáles son definitivas. Este es otro ejemplo de desacuerdo en el budismo tibetano, por ejemplo. Las tradiciones kagyü y nyingma del budismo tibetano entienden las enseñanzas del tathagatagarbha –que fueron presentadas en el tercer giro de la Rueda del Dharma– como el significado último. Sin embargo, los guelugpas dirían de esas enseñanzas sobre la naturaleza de buda que no son definitivas en cuanto a significado. Para ellos, las enseñanzas sobre el tathagatagarbha sólo se dieron para que esas personas no se quedaran alucinando al pensar que no tenían un ego sustancial. Por consiguiente, el tathagatagarbha solo tiene un significado interpretativo en su sistema.

De cualquier modo, toda esta variedad de enseñanzas –sean lo complejas que sean–, se dan únicamente para aliviar el sufrimiento y la neurosis de la gente. Se dice que hay 84.000 diferentes tipos de enseñanzas, que corresponden a 84.000 diferentes tipos de neurosis. Aún con todo, todas las enseñanzas van dirigidas a aligerar los sufrimientos de las personas. Todas van encaminadas a la realización de los tres kayas, o las tres modalidades de ser de un Buda.

Sutra y Tantra

Los Niveles Tántricos de Realización

Es importante comprender la tradición del sutra del mahayana, porque es imposible comprender el tantra sin haber asimilado antes los conceptos del sutra. Mientras que no hay diferencia entre los objetivos de los seguidores del sutra y del tantra, se dice que las enseñanzas tántricas son superiores a las del sutra en ciertos aspectos importantes.

El acercamiento del sutra al mahayana es gradual y apacible, utilizando ciertos métodos durante un periodo de tiempo para llegar al objetivo. El tantra, sin embargo, es más desafiante, más conflictivo, y con resultados más rápidos por eso precisamente. Por estas razones, el sutra mahayana se denomina "el yana causal" o el "vehículo de la causa" y el aspecto tántrico mahayana se conoce como "el yana resultante".

Tanto los seguidores del sutra como del tantra anhelan alcanzar el estado llamado "el nirvana que no mora" Este término indica la importancia de no morar en la condición samsárica ni en el pacífico gozo del nirvana. Esta perspectiva difiere de la primera visión budista del nirvana, que es vista por los practicantes mahayana como estática y demasiado separada del mundo; el otro extremo es estar inmerso en las preocupaciones de la condición samsárica, que es morar en el engaño. Los seguidores del sutra y tantra de la tradición mahayana quieren evitar estos dos extremos. Su comprensión de "nirvana que no mora" es entendido como estar en el mundo pero no ser parte de él.

Aunque el objetivo del sutra y del tantra es el mismo, hay una gran diferencia en cuanto a los métodos utilizados para lograr el objetivo. Las enseñanzas tántricas ofrecen métodos no disponibles en las enseñanzas del sutra, que están organizados en niveles de desarrollo. El sistema tántrico utiliza técnicas que no se encuentran en las enseñanzas del sutra, como visualizaciones, recitación de mantras y trabajo con las energías físicas del cuerpo. El sutrayana se estudia mediante libros y enseñanzas donde se abordan conceptos como la naturaleza de buda y la vacuidad. Una mejor comprensión de esto también nos ayudará a comprender el tantra. Las nociones de las inclinaciones kármicas, los cinco venenos y los cuatro niveles de conciencia, se encuentran en la literatura del sutra.

Incluso la visualización de deidades tiene que ser entendida desde el punto de vista del sutra. Por ejemplo, una deidad puede tener seis piernas para representar las seis paramitas. Todos estos elementos son símbolos de ciertas cualidades espirituales, que pueden ser realizadas mediante ciertas deidades. Así pues, tenemos que entender lo que son las seis paramitas y encontramos estas paramitas descritas en detalle en los sutras.

Otro ejemplo son las cincuenta y una calaveras que ciertas deidades llevan alrededor del cuello. Se supone que estas calaveras representan los cincuenta y un parloteos mentales o lo que normalmente se traduce como “factores mentales”. Puedes encontrar enseñanzas del sutra que enumeran los cincuenta y un factores mentales, ¡pero por supuesto que no encontrarás a qué calavera corresponde cada uno! Las deidades deben ser entendidas simbólicamente, y estos símbolos se pueden entender mejor teniendo una comprensión de las categorías conceptuales del sutra a las que hacen referencia. Si no entendemos esas cosas simbólicamente, estaremos muy cerca de practicar demonología.

Los métodos tántricos hacen posible lidiar con los engaños y emociones aflictivas directamente. De hecho, los engaños que deben ser abandonados y las diferentes cualidades espirituales que se necesitan cultivar, son vistos como las dos caras de una misma moneda en lugar de dos clases de experiencia completamente. Por esta razón, el sistema tántrico también se llama la tradición esotérica, no porque haya algo en particular que necesite mantenerse en secreto, sino debido a la práctica. El tantra requiere de ciertos atributos del practicante. En un sentido, uno necesita tener cierta habilidad para practicar tantra; de otro modo podría no derivar ningún beneficio a pesar de la propia práctica. Las enseñanzas del tantra se mantienen en secreto en cierto grado, no porque sus componentes no deban ser revelados sino porque mucha gente no es capaz de comprenderlos.

Si uno tiene las aptitudes requeridas, es posible lograr el objetivo de la iluminación en un breve periodo de tiempo mediante el uso de los métodos tántricos. Este no es el caso de los métodos del sutra. Por ponerlo de otro modo, la diferencia entre los métodos del sutra y del tantra yace en el uso de la verdad relativa. La recitación de mantras, la visualización de deidades y otras prácticas son todas maneras de explotar la naturaleza de la verdad relativa, porque ello permite al practicante entrar en contacto con la verdad relativa directamente. Sin embargo, la verdad absoluta que se realiza por lo métodos del tantra es la misma verdad que se explica en las enseñanzas del sutra.

El sistema tántrico tiene muchos nombres distintos, como tantrayana, vajrayana y mantrayana. Tantra se dice "gyü" en tibetano y quiere decir "continuidad", porque las enseñanzas del tantra enfatizan la idea de continuidad entre la naturaleza interna de una persona en la condición samsárica y la naturaleza interna de la misma persona en el estado del nirvana. Cuando la gente llega a la iluminación, no descubre que son una entidad completamente diferente, porque la naturaleza de buda ha estado justo ahí desde el principio. El tantrismo acentúa la importancia de la naturaleza de buda. La palabra Vajrayana, o "el vehículo del vajra", en realidad tiene la misma connotación. "Vajra" quiere decir "indestructibilidad", y por eso el vajra es el símbolo de la indestructibilidad, lo que de nuevo hace referencia a la cualidad de la naturaleza de buda. Por ejemplo, la práctica de Vajrasattva (una forma tántrica de purificación utilizando la visualización de la deidad Vajrasattva y la recitación de su mantra) es la práctica de la naturaleza de buda. "Sattva" quiere decir "mente", así que "Vajrasattva" se refiere a la "mente indestructible", que es la naturaleza de buda o la naturaleza de la mente. El Vajrayana, también destaca la importancia de este concepto de la naturaleza de buda.

Mientras la mayoría de las enseñanzas del sutra describen el samsara como lo opuesto al nirvana, el tantra subraya que la naturaleza de buda reúne los conceptos de samsara y nirvana. Mientras los sutras enseñan que todo lo samsárico es para ser abandonado y que todo lo que muestra las cualidades del nirvana es para ser cultivado, en la noción tántrica de la naturaleza de buda subyace todas las experiencias del samsara y del nirvana. Esta es la razón por la que los conceptos de indestructibilidad y continuidad se enfatizan en el tantra en relación a la comprensión de la naturaleza de buda.

El Sexo en el Tantra

El tantra trabaja con nuestras experiencias directamente. Las deidades pacíficas visualizadas como seductoras y atrayentes, pueden ayudarnos a trabajar con el deseo, mientras que las deidades visualizadas airadas nos ayudan a trabajar con la aversión. Lo corrupto y los engaños no necesitan ser abandonados en el tantra, ya que podemos hacer uso de ellos en el camino. En un contexto tántrico, a veces, incluso el sexo ha sido utilizado. Pero hay una gran confusión alrededor de esto. Aquellos que quieren limpiar la imagen del tantra dicen que no se hace uso del sexo en absoluto, ¡mientras que otros hacen ver que el tantra no es otra cosa que sexo! Como sucede normalmente, la verdad yace en algún lugar en medio de los dos. Incluso eruditos actuales como Lobsang Lhalungpa, el traductor de "Moonbeans of Mahamudra" y otros textos, dice que no hay lugar para el sexo en el tantra. En el otro lado, Jeffrey Hopkins, un seguidor de la tradición gueluk, que normalmente no explica este aspecto del tantra, menciona que el sexo no ha sido descartado del todo ni siquiera en su tradición.

Si vamos a comprender el papel del sexo en el tantrismo, necesitamos entender el contexto de los tres mudras: karmamudra, jñanamudra y mahamudra. Karmamudra es la práctica yóguica del sexo para generar gozo. La idea es que los métodos sexuales hacen posible superar el sentimiento de dualidad y por lo tanto experimentar gozo, con el deseo sexual transformado en lo que se denomina "mahasukha" o "gran gozo". Sin embargo, puede obtenerse el mismo efecto con la práctica de Jñanamudra, que significa "deidades en unión". Puedes haber visto estas deidades en las pinturas tibetanas. Son visualizadas en el acto de unión sexual para obtener el mismo logro y experimentar el mismo gozo que genera la práctica del Karmamudra. Pero se dice el gozo que se experimenta en estos dos niveles es incomparable al gozo que se puede experimentar mediante la práctica del Mahamudra. Así pues, incluso si uno utiliza métodos sexuales, no hay nada de maravilloso en ellos; son sólo métodos.

Niveles de Tantra

Las prácticas Vajrayana o enseñanzas tántricas, han sido sistematizadas en cuatro categorías y se anima a los practicantes a seguir las enseñanzas del tantra de manera sistemática y gradual. La relación que existe entre las deidades visualizadas y el practicante pasará por diferentes transiciones, dependiendo del nivel de tantra en el que la persona se implique. Incluso las naturalezas de las deidades visualizadas son diferentes; pueden ser pacíficas o airadas, por ejemplo.

Kriya Tantra

El primer nivel del tantra es el "kriya tantra" o "bya gyü" en tibetano. La práctica del kriya tantra enfatiza los rituales, los cuales es muy importante observar con precisión y claridad. Por ejemplo, es importante observar la limpieza. Se supone que la gente que practica kriya tantra, se implican en el ritual de bañarse y limpiar sus cuerpos cinco o seis veces al día. Deben además seguir una dieta estrictamente vegetariana. Las deidades que visualizan son mayormente pacíficas, y la relación entre deidad y practicante es aquella en la que el practicante juega un papel de subordinado. El practicante ve a la deidad como al Maestro y a él mismo como su sirviente.

En el tantrismo hay cientos, incluso miles de deidades, pero todas ellas pertenecen a lo que llamamos las familias de buda. Tres diferentes familias de buda se mencionan en el nivel del kriya tantra: Padma o la familia del Loto; la familia Vajra; y la familia de los Budas. Por supuesto que todos los budas están incluidos en la familia de los Budas. La deidad principal de la familia del Loto es Avalokiteshvara, y la deidad principal de la familia Vajra es Vajrapani.

Para practicar las visualizaciones e implicarse en la sadhana o práctica del tantra, uno necesita recibir la correspondiente iniciación, o abhisheka. Según Jamgön Kongtrül el Grande, la palabra sánscrita "abhisheka" deriva de dos fuentes distintas. La primera es "abhikensa" que quiere decir "rociar". Esto forma parte de todas las iniciaciones que recibimos, y simboliza la purificación de las impurezas. La otra palabra es "abhikenta", que significa "poner algo en un recipiente". Jamgön Kongtrül dice que esto significa que cuando la mente ha sido limpiada de impurezas, se pueden colocar en ella las cualidades de sabiduría, y por lo tanto la verdadera connotación de abhisheka es iniciación. Es a través de recibir la iniciación que nuestra práctica se vuelve efectiva. Jamgön Kongtrül dice que, por lo tanto, es extremadamente importante que acatemos el método apropiado para impartir y recibir estas iniciaciones. Esto debería hacerse de manera muy precisa, porque sin la iniciación la práctica no puede ser efectiva. Al impartir y recibir la iniciación, se establece cierta clase de relación entre el Maestro y el estudiante. Esta relación queda transformada en este punto, y desde entonces en adelante nunca más es ordinaria ni insignificante. Jamgön Kongtrül dice que es comparable a los votos del matrimonio. Exactamente igual que una relación entre dos personas se puede transformar mediante la ceremonia del matrimonio para que tenga un significado diferente del que tenía en el pasado, así también puede transformarse la relación entre el Maestro y el estudiante.

Hay dos clases diferentes de iniciaciones en el nivel del kriya Tantra. La primera es la iniciación del agua sagrada, y la segunda es la iniciación de la corona. La iniciación del agua sagrada utiliza un vaso y la iniciación de la corona se confiere mediante el mudra de la corona en lugar de hacerlo con una corona real. Las deidades visualizadas dentro del contexto del Kriya Tantra son de dos tipos diferentes, porque pueden visualizarse tanto por completo como de forma simbólica. En lugar de visualizar una deidad con las manos, la cara y los pies de un cuerpo completamente desarrollado, uno puede visualizar la deidad de manera simbólica –como un vajra, por ejemplo–. La deidad puede visualizarse también como una letra del alfabeto tibetano. Por ejemplo, se puede visualizar la sílaba del corazón, lo que se considera como visualizar la propia deidad. Sin embargo, a nivel del Kriya Tantra, la relación entre el practicante y la deidad es esencialmente de desigualdad. Nos vemos a nosotros mismos como seres engañados, mientras que la deidad es venerada como teniendo todo el poder para otorgarnos.

Charya Tantra

El practicante después pasa a la siguiente etapa, que es el charya Tantra o chö gyü. El charya Tantra enfatiza tanto la importancia de los estados meditativos como la observancia del ritual. "Charya" significa "práctica ritual", y tiene que ver con posturas físicas y la recitación de mantras, pero también implica el aspecto mental de la meditación, que se desarrolla mediante las prácticas de visualización. Cuando uno practica la visualización de las deidades en el Charya Tantra, ya no se basa más en el sentido de desigualdad que define el Kriya Tantra. Las deidades se ven más como amigas que como seres elevados para venerar, incluso como que no tienen nada en común con el practicante en términos de cualidades. Cuando se dice en las enseñanzas tántricas que nos visualizamos a nosotros mismos como una deidad, se dice también que deberíamos desarrollar algo que es llamado "orgullo divino". Esto quiere decir que deberíamos desarrollar confianza en lugar del orgullo en el sentido convencional. Todo lo que estamos buscando está ya en nuestro interior, si sabemos simplemente cómo aprovechar esos recursos.

Las deidades también se clasifican en tres familias de Buda en el Charya Tantra, conocidas como las familias del cuerpo, la palabra y la mente. Excepto por el nombre, parece no haber diferencia entre las deidades pertenecientes a estas familias de Budas en el Kriya y el Charya Tantra. Hay una ligera diferencia en lo que respecta a las iniciaciones, porque hay cinco componentes en lugar de dos. Cuando un estudiante está preparado para practicar Charya Tantra, él o ella necesitan recibir estas cinco iniciaciones, que consisten en la iniciación del agua sagrada, la corona, el vajra, la campana y el nombre.

En el Charya Tantra, las deidades se visualizan teniendo dos aspectos; el relativo y el absoluto. A veces, el aspecto absoluto de la deidad se denomina el aspecto de pureza de la deidad, mientras que el aspecto relativo o aspecto impuro es la visualización actual de la propia deidad. La naturaleza absoluta de las deidades visualizadas es entendida como que no es diferente de nuestra propia naturaleza de buda o la naturaleza de la mente. El punto fundamental es que la visualización de deidades no es absoluta porque son una proyección de la mente.

Anuyoga Tantra

Desde el Charya Tantra uno se mueve al siguiente nivel, que es el Anuyoga Tantra, o "jesu naljor gyü". En este nivel uno confía cada vez menos en la verdad relativa y se dirige más hacia la verdad absoluta. Al igual que en el Charya Tantra uno necesita recibir las cinco iniciaciones para practicar los Tantras Anuyoga. Estas son las iniciaciones del agua sagrada, la corona, el vajra, la campana y la flor. En el nivel tántrico del anuyoga, se dice que uno debería haber desarrollado la bodhichita y haber tomado los votos del bodhisatva, ya que sin esto uno no puede continuar la práctica. La práctica del anuyoga Tantra implica trabajar con las ilusiones y los engaños directamente, de manera que puedan ser transformadas en las cinco sabidurías. Las cinco familias de budas son en realidad la representación simbólica de estas cinco sabidurías.

En las enseñanzas mahayana, particularmente, en aquellas que pertenecen al último giro de la Rueda del Dharma, se explican cinco niveles de conciencia. El primer nivel es "alayavijñana" o la "conciencia almacén". Esta conciencia almacén retiene todas las propensiones kármicas. En cierto sentido, es comparable con el subconsciente tal y como se entiende en occidente. Estas propensiones kármicas o tendencias, se denominan "pakchak" en tibetano y "varsana" en sánscrito. Pakchak literalmente quiere decir "existir de un modo oculto" o no inmediatamente consciente. Así, estas pakchaks, o trazas kármicas y disposiciones, operan en el nivel de la consciencia almacén, y la conciencia almacén puede transformarse en lo que se llama la "sabiduría semejante al espejo".

El segundo nivel de conciencia se llama la mente que se aferra al engaño, que es nyön yid en tibetano o "manovijñana" en sánscrito. Debido a estas propensiones kármicas, las experiencias de nuestros sentidos son filtradas por la mente que se aferra al engaño, o nuestro punto de vista subjetivo en relación a cómo el ego ve el mundo. La mente que se aferra al engaño es vista como el asiento de la noción del yo, y cualquier clase de egocentrismo surge de esta noción. Esta mente que se aferra al engaño se llega a transformar en la sabiduría de la ecuanimidad.

El siguiente nivel de conciencia es lo que normalmente conocemos como consciencia, la mente que piensa, siente y experimenta en un nivel de conciencia instante tras instante. Esta se transforma en la sabiduría del discernimiento.

Por último, las cinco consciencias de los sentidos, o las cinco impresiones sensoriales que nos aportan la información del mundo externo, llegando a transformarse a través del proceso del anuyoga tantra en la sabiduría que todo lo logra.

Todo esto es posible debido a la quinta sabiduría, llamada la sabiduría del dharmadhatu, que no es sino la propia naturaleza de buda. La naturaleza de buda es la base tanto de las experiencias samsáricas como de las del nirvana. Por lo tanto, la realización de la naturaleza de buda se manifiesta como la sabiduría del dharmadhatu (la realidad última) o dharmakaya. Mediante la práctica del Anuyoga Tantra, uno utiliza estas técnicas para enfrentarse con los engaños directamente.

Cuando lo entendemos correctamente, estos mismos engaños pueden ser transformados en sabiduría, y por lo tanto los engaños son de hecho el material que constituye lo que entendemos por sabiduría. Esto es al menos cómo se entiende en el tantra, que está vinculado al proceso alquímico de transformar el plomo en oro. Uno no hace una marcada distinción entre lo que debería ser abandonado y lo que debería ser cultivado. Si uno sabe cómo trabajar con las cosas que normalmente dan lugar a los engaños, puede, de hecho, hacer surgir la visión y la sabiduría en su lugar.

A veces, a los practicantes tántricos se les compara con los pavos reales, no debido a su arrogancia sino debido al mito hindú de que el pavo real se alimenta de veneno. Igual que el pavo real es capaz de utilizar el veneno como alimento, un practicante tántrico cualificado podría tomar los cinco venenos del apego, ira, celos, orgullo e ignorancia, y transformarlos en las cinco sabidurías.

Generalmente hablando, los seres humanos tienen cinco venenos, pero normalmente predominará uno de ellos. Alguien podría tener la ira como su principal problema o el orgullo o los celos. Los cinco venenos corresponden a las cinco familias de buda. Por ejemplo, el Buda de la familia Padma, que es de color rojo, representa la transformación de la energía del deseo. Hay un potencial espiritual positivo correspondiente a cada veneno en particular, y esto puede desarrollarse trabajando con la energía de ese veneno. Por supuesto, no todo el mundo pertenece a la misma familia de buda, y aún así se podría necesitar implicarse en los tipos de prácticas asociadas a todas las familias de buda. Sin embargo, el Maestro puede recomendarnos hacer una práctica en particular porque uno necesita trabajar con un veneno en concreto. Otro modo de explicarlo es la transformación de lo que llamamos los cinco constituyentes psicofísicos, o los cinco "skandas", en las cinco sabidurías. No hay nada que uno necesite abandonar; por el contrario, uno puede hacer uso de todo para alcanzar la iluminación.

El nivel final del tantra es el mahanutarayoga tantra, que es el "yoga supremo", y que explicaremos en el siguiente capítulo.

El Supremo Yoga Tantra

Volverse una Persona Completa

El nivel final del tantra, el mahanuttarayoga tantra, o "la-me chenpo'i gyu, es considerado el nivel supremo. Es también el más difícil de practicar. A diferencia de los otros Tantras, en este nivel el practicante lidia directamente con sus emociones aflictivas mediante prácticas como la visualización de deidades airadas. En el mahanuttarayoga tantra se hace un esfuerzo constante por ver lo que nos asusta, lo que es intimidante, lo que produce deseo sexual y demás, e intentar vincular estas experiencias con experiencias espirituales más liberadoras para ver esas energías como expresiones de sabiduría. Por esa razón, uno visualiza deidades en unión sexual y demás.

Visualizar deidades airadas, despierta más emociones que visualizar deidades pacíficas. Estas deidades airadas pueden ser muy intimidantes. Están adornadas normalmente con calaveras y visten pieles de animales y cosas de la naturaleza. Sin embargo, todo esto debe entenderse simbólicamente, y uno necesita entender lo que estos símbolos representan en cada práctica específica. Las deidades tienen cierto número de cabezas o cierto número de miembros por una razón determinada, y lo mismo se aplica a las pieles de animales que llevan puestos. Una piel humana, por ejemplo, representa el deseo; una piel de tigre representa el odio; una piel de elefante puede representar la ignorancia. Estoy dando estos ejemplos simplemente porque estos significados simbólicos no son fijos a cada imagen en particular. Estos varían de una a otra práctica y de una deidad a otra, de manera que debe entenderse el significado simbólico en cada contexto en particular. En todas estas prácticas, el énfasis está en dar a entender alguna clase de maridaje entre lo sagrado y lo profano. Con esta comprensión, uno toma la iniciación necesaria del mahanuttarayoga tantra, como en los tantras anteriores. La primera iniciación es la iniciación de la vasija, y la primera parte de esta iniciación es la iniciación de rociar el agua, que simboliza la purificación de las impurezas. Después se da la iniciación de la corona; según el mahanuttarayoga tantra, el significado de esta iniciación es que el practicante debe encontrar a qué familia de buda pertenece. La corona de esa familia es puesta entonces en la cabeza del practicante de manera simbólica. La otra parte de la iniciación de la vasija consiste en colocar un vajra en la cabeza del practicante, para simbolizar la inseparabilidad de la vacuidad y la compasión. Además de todo esto, se le da un nuevo nombre al practicante, lo que simboliza el hecho de que el practicante ha "renacido". Estas iniciaciones se consideran parte de la iniciación de la vasija.

Esto va seguido por la iniciación secreta, que se llama secreta principalmente porque esto le faculta a uno para practicar la visualización de deidades en unión. El significado de unión, por cierto, es la de reunir las dualidades de sujeto y objeto, o sabiduría y vacuidad o compasión y sabiduría. Para representar la experiencia del gozo, que es el resultado de esta unión, se le da a uno píldoras medicinales bendecidas como parte de la iniciación. El mandala asociado con la iniciación de la vasija es el mandala externo, hecho de arena o pintado en tela. El mandala de la iniciación secreta no es físico en absoluto, sino mental. Por eso la iniciación del vaso se recibe para erradicar las impurezas del cuerpo físico, mientras que la iniciación secreta pretende erradicar las faltas de la palabra.

La tercera iniciación es la iniciación de la sabiduría, que capacita al practicante para implicarse en prácticas como el "tummo" o el "yoga místico del calor". El punto principal aquí es transformar la energía sexual mediante estas prácticas. El modo en que se logra depende del practicante, o de si él o ella es monja o monje, célibe o no célibe. En cualquier caso, la intención es realizar el gran gozo mediante la transformación de las energías sexuales. En la práctica del calor místico, por ejemplo, incluso la practicada por célibes, el calor se hace subir desde el centro del ombligo por el canal central hasta que derrite lo que se llama la bodhichitta o "esencia de la vida" y luego desciende de nuevo. Así como desciende la esencia de la vida por el canal central, uno experimenta diferentes tipos de gozo en diferentes niveles. Cuando se practica con una pareja se denomina karma yoga y cuando es practicado por personas célibes se denomina jñana yoga o yoga de la sabiduría. En ambos casos se logra el mismo objetivo.

La iniciación final se llama la iniciación del nombre o la palabra. Mediante la transformación de la energía sexual, uno logra la experiencia del gozo, y mediante la experiencia del gozo se vuelve más fácil vencer la dualidad de sujeto y objeto. A medida que esta experiencia de gozo se vuelve más refinada, se transforma en lo que se llama gran gozo o "mahasukha" (a veces también se denomina gozo coemergente). Este gran gozo coincide con la realización de la naturaleza de la mente o realización del mahamudra. Desde esta perspectiva del mahamudra, la naturaleza de la mente tiene tres aspectos –gozo, vacuidad y no conceptualidad.

La cuarta iniciación es esencialmente simbólica, porque no faculta a la persona para hacer ninguna práctica en particular. La iniciación del nombre o la palabra es un gesto simbólico señalando la naturaleza de la mente. La culminación de la práctica tiene que ver con transcender cualquier forma sutil de apego que pueda quedar en relación a las experiencias de gozo asociadas con las prácticas de la tercera iniciación. Uno realiza también que las deidades que ha visualizado, los mantras que ha recitado y las otras prácticas en las que se ha implicado, no eran más que los métodos oportunos, y que todas esas deidades no representaban otra cosa en realidad que las cualidades espirituales que ya son innatas en la propia mente. Así, aquí hay una total trascendencia de fabricaciones mentales.

De este modo, los cuatro niveles del tantra dirigen al practicante a través de diferentes etapas de autorrealización. A diferencia que en los métodos del sutrayana, el tantra utiliza los conflictos emocionales así como también los conceptos para ir más allá del engaño. El modo en que se utilizan los conceptos es mediante la práctica de la visualización, y así como uno se vuelve más familiar con estas visualizaciones ellas se tornan más complejas y exigentes. No obstante en lugar de abandonar los conceptos uno los utiliza. Al mismo tiempo, utiliza las emociones aflictivas para transformarlas en sus correspondientes sabidurías. Como con todas las demás prácticas budistas, se dice que debemos acercarnos a estas prácticas paso a paso. Debemos prepararnos para estas prácticas o de lo contrario algunas de las más avanzadas etapas pueden abrumar o perturbar la mente en lugar de beneficiarla.

Debería enfatizar que necesitamos tener una guía adecuada en la práctica de estos métodos tántricos. Dado que el tantra es tan provechoso y tan efectivo, si perdemos el punto con el tantra, sus métodos podrían hacer con diferencia mucho más daño que incurrir en una comprensión equivocada de los métodos del sutra. Sin embargo, si hacemos las prácticas adecuadamente y pasamos por las diferentes etapas antes de implicarnos en las prácticas del mahanuttarayoga tantra, entonces nuestros esfuerzos serán de ayuda no sólo en esta vida sino también en el estado intermedio después de la muerte. Todos los seres aterradores que se describen en el Libro Tibetano de la Muerte (bardo thödröl), por ejemplo, son las mismas deidades visualizadas en los tantras del mahanuttarayoga. Esto no significa que las deidades que nos encontremos en el estado intermedio deban ser exactamente iguales que las deidades que podamos haber visualizado. Pero mediante el repetido uso de las visualizaciones, nos recordamos a nosotros mismos que esas deidades son el producto de nuestra imaginación en lugar de algo real que posee existencia inherente. Esta realización puede ayudarnos en el momento de la muerte.

Como señalan las enseñanzas, sólo porque que sabemos que las aterradoras experiencias que suceden durante el sueño son únicamente ilusiones mentales, no significa que tengamos la capacidad de controlarlas mientras estamos realmente experimentando esas cosas. Sin embargo, mediante la práctica del yoga del sueño –que es parte de las prácticas del mahanuttarayoga tantra– es posible tener el control sobre nuestros sueños justo ahora. Podemos tener sueños lúcidos y realmente realizar que todo es un sueño mientras estamos soñando; por lo tanto, si estamos teniendo experiencias de miedo en ese momento, no hay nada de lo que asustarse.

De manera similar, las prácticas de la visualización de la deidad, son útiles para realizar la naturaleza de la mente. Si ésta es realizada, seremos capaces de reconocer lo que está sucediendo incluso durante las experiencias del estado intermedio. Durante la práctica del Mahanuttarayoga tantra visualizamos las más aterradoras deidades que podamos imaginar para familiarizarnos con el lado oscuro de nuestra propia consciencia. Las más aterradoras, las más grotescas, los seres más nauseabundos, son todos entendidos por su significado simbólico de cualidades espirituales.

Cuando decimos que las deidades son proyecciones de la mente, esto no significa que las deidades no tengan cierta clase de poder en sí mismas. Creo que ciertas clases de interpretaciones vienen de la noción occidental de que cualquier cosa externa a la mente es más real que cualquier cosa en la mente. Pero este no es necesariamente el caso. Por ejemplo, las ilusiones de una psicosis están solo en la mente, pero estas ilusiones tienen una influencia muy poderosa en esa persona. Esto también es así en el uso de las visualizaciones, que pueden ser imágenes muy poderosas para la mente, para el proceso curativo en este caso en particular. En términos budistas se expresa de este modo: desde el punto de vista último, la deidad es una proyección de la mente, pero desde el punto de vista relativo, debido a que las deidades son proyectadas hacia fuera, tienen cierta clase de existencia en sí mismas. Por lo tanto, pueden tener alguna influencia en la mente del practicante, a nivel relativo. No deberíamos pensar que porque todas las cosas sean mentales no hay ninguna razón para hacer nada de esto, que todo es una pérdida de tiempo.

La meta de la práctica tántrica es reducir el espacio entre el consciente y el subconsciente, lo sagrado y lo profano y todas las demás dualidades. Sólo cuando hacemos esto podemos apreciar la práctica de visualizar deidades desgarrando carne con sus fauces, dándose un banquete con un corazón humano, bebiendo sangre y cosas de esa índole. Esto provee un método para volverse una persona completa, porque somos capaces de comprender todo lo que es indeseable y perturbador. Esto, creo, es todo sobre lo que es volverse una persona iluminada.

Los Seis Yogas de Naropa

Trabajar con las Emociones Aflictivas

Los Seis Yogas fueron enseñados por el yogui indio Naropa como un anexo a su meditación diaria en el Mahamudra. Estos yogas consisten en el calor místico, el cuerpo ilusorio, el sueño, la luz clara, el, bardo y la transferencia de la conciencia. Los Seis Yogas, están diseñados para ayudar al practicante a trabajar con las emociones aflictivas de diversos tipos. No sería apropiado hablar aquí de los Seis Yogas en profundidad ya que para ellos uno debería haber recibido las iniciaciones necesarias y haber completado las prácticas preliminares. Sin embargo, puedo explicar la naturaleza de estas prácticas y las razones por las que un practicante podría decidir implicarse en ellas. Antes de embarcarnos en la práctica de los Seis Yoga, es esencial completar las prácticas preliminares comunes y no comunes. Las prácticas preliminares comunes consisten en la contemplación de la impermanencia, la causa y efecto kármico, el precioso renacimiento humano, y los sufrimientos del samsara. Las prácticas preliminares no comunes incluyen la postración, Vajrasattva, mandala, y el guru yoga.

Tras haber completado con éxito las requeridas prácticas preliminares, el yogui o la yoguini pueden embarcarse en los Seis Yogas de Naropa. Según las enseñanzas tradicionales, el calor místico es más adecuado para individuos con una inmensa energía y dedicación. El yoga del sueño y el yoga de la luz clara, por otro lado, podrían ser lo más apropiado para alguien que tiene una disposición letárgica. Los yogas se practican de acuerdo a la propia predilección, patrones habituales y disposición psicológica. La práctica del calor místico, por ejemplo, es una herramienta efectiva para el deseo sexual, mientras que el yoga del cuerpo ilusorio está recomendado para personas con tendencias agresivas. Para aquellos que tienen disposición hacia los oscurecimientos mentales, el yoga de la luz clara se utiliza como un antídoto. El yoga del bardo se practica para prepararnos para nuestro inevitable deceso y posterior estado del bardo. La transferencia de la conciencia se practica debido a la separación del cuerpo y la mente en el momento de la muerte. Mediante esta práctica, es posible familiarizarse con esta experiencia de transferencia de la conciencia mientras aún estamos vivos.

En la práctica de los Seis Yogas de Naropa y mediante ella, el yogui o yoguini es capaz de generar la experiencia del gran gozo (mahasukha). Ordinariamente, experimentamos nuestros deseos como la fuente de nuestro apego y obsesión. Pero, a través de la práctica, es posible transformar lo que es ruin y limitador en algo que es sublime y liberador. Entonces los canales de energía psicofísica (nadis), la propia energía psicofísica (prana), los centros de energía psicofísica (chakra), y la esencia de la vida (bindu), empiezan a funcionar a nivel óptimo, dando al practicante un estrato de salud psicosomática y vigor desconocido hasta ahora. Las seis doctrinas de Naropa por lo tanto, representan el método más efectivo para desplegar medios hábiles (upaya) en la práctica tántrica, precisamente porque cada yoga está diseñado para trabajar con un tipo particular de emoción aflictiva (klesha).

El Yoga del Calor Místico

Para transformar la sexualidad en espiritualidad, se practica el calor místico. Aquí, la corporalidad y el placer sexual ordinarios se transforman en gran gozo. Esta experiencia de gozo nos lleva a la realización de la realidad última o vacuidad. La experiencia espiritual de gozo es inseparable de la vacuidad. Esto se logra mediante el adiestramiento en los canales energéticos, la energía psicofísica, y la esencia de la vida. Hay tres canales energéticos principales; uno en el centro, uno a la derecha y otro a la izquierda. Los canales energéticos de la derecha y la izquierda representan los elementos masculinos y femeninos. Hay también cinco centros energéticos psicofísicos ubicados en puntos concretos del cuerpo. El chakra de la coronilla está ubicado en la zona de la cabeza, y es conocido como el chakra del gozo. El chakra de la pura indulgencia está situado en el centro de la garganta. En el corazón descansa el chakra de la efusión mental. En el ombligo está el chakra de las manifestaciones creativas, y en los genitales yace el chakra del placer.

Se hace referencia al chakra de la coronilla como el centro del gozo. Incluso durante el acto sexual ordinario –según los sistemas médico espirituales tántricos– el gozo desciende desde la región de la coronilla. El chakra de la garganta ha recibido el nombre de indulgencia pura porque ingerimos comida y bebida a través de esta abertura. Nos referimos al chakra del corazón como el centro de la efusión mental porque es desde aquí que emanan los sentimientos como la atracción o la aversión. El chakra del ombligo es conocido como el centro de las manifestaciones creativas porque aquí yace la fuerza creativa de la vida. Se cree incluso que el calor del cuerpo fluye hacia sus extremidades desde esta zona, que se considera, en sí misma, como la fuente creativa de la vida. El chakra de los genitales se conoce como el chakra del placer. En las enseñanzas se dice que, en circunstancias normales, la experiencia del placer desciende desde el centro de la coronilla, pasando por el centro de la garganta y el centro del ombligo hasta el centro genital, donde la energía sexual es liberada. Sin embargo, mediante la práctica tántrica, la energía sexual es deliberadamente retenida, y vuelta hacia atrás en lugar de ser liberada. El practicante no pierde el control. Esta inversión de la energía sexual es lo que produce el gran gozo. Esta clase de autocontrol requiere de un gran trabajo, por supuesto.

El yogui o la yoguini transforman los canales energéticos ordinarios en sus homólogos más puros y liberadores. El calor místico se practica para generar calor, y de este calor, se produce el gozo. También se dice que, aparte de las realizaciones espirituales que puedan resultar de esta práctica, también se puede esperar gozar de una tremenda sensación de bienestar, que surge de equilibrar los elementos. También, como resultado de haber practicado el calor místico, uno ya no es afectado por los extremos de los elementos del calor o el frío.

El Yoga del Cuerpo Ilusorio

La práctica del yoga del cuerpo ilusorio nos capacita para trabajar con nuestra agresión. Mediante esta práctica, podemos realizar la naturaleza no sustancial de la agresión y, por lo tanto, realizar la naturaleza ilusoria de las cosas. Hay varios modos de contemplar la ilusión. La primera es contemplar los objetos físicos, la segunda es la contemplación de la palabra, y la tercera es la contemplación de la cavilación mental. La contemplación de los objetos físicos quiere decir considerarlos como siendo similares a los sueños. Cuando estamos soñando, podemos tener la sensación de que nos hemos encontrado con esto o aquello, de que hemos vivido en tal y cual casa y demás. Una vez despiertos comprendemos que lo que hemos estado soñando era todo una ilusión. De igual manera, todo lo que parece sólido e impenetrable en el mundo fenoménico es en realidad insustancial y carente de esencia. Esto es lo que comprendemos a través de este yoga.

El Yoga del Sueño

La práctica del yoga del sueño tiene el beneficio de producir sueños lúcidos, de manera que podemos ser conscientes de nuestros sueños mientras aún estamos durmiendo. En este sentido, nuestras experiencias en el sueño se pueden usar para promover nuestro progreso espiritual, y no se pierde nada de tiempo ni durante el sueño ni la vigilia. Esta práctica tiene dos componentes: El reconocimiento de los sueños como sueños y el reconocimiento de los sueños como siendo ilusorios. Familiarizándose con estos dos componentes del yoga del sueño, el yogui o la yoguini adquiere la capacidad de transformar los sueños a voluntad. Así, una pesadilla puede ser transformada en un sueño placentero. Excepto para los sueños que son presagios de acontecimientos futuros y demás, el resto de los sueños es visto como el resultado de nuestro bagaje kármico y sus tendencias habituales. Hay una inseparable relación entre el yoga de la deidad (visualización de deidades) y el yoga del sueño por la noche. Ambos trabajan con imágenes mentales, que son muy importantes para entender cómo trabajan las diferentes permutaciones de la mente.

El Yoga de la Luz Clara

Así como el yogui o yoguini se vuelve más eficiente en el yoga del sueño son capaces de mantener la consciencia durante las experiencias del sueño, sin sucumbir al poderoso empuje del espesor y la laxitud. Con el yoga de la luz clara, el yogui o yoguini desarrolla una perspicacia y claridad mental inmensa, como resultado de la disminución de la influencia de la ignorancia.

Así que los practicantes de los Seis Yogas practican el yoga del calor místico y del cuerpo ilusorio durante el día y meditan en el yoga del sueño y de la luz clara por la noche. Los yogas del calor místico y del cuerpo ilusorio, como se ha mencionado antes, actúan como antídoto al deseo excesivo y la agresión. El yoga del sueño está diseñado para dispersar el espesor mental y la pesadez. Complementamos esta práctica con el yoga de la luz clara. El resultado de estas prácticas es claridad mental y perspicacia, de manera que el yogui o la yoguini son capaces de mantener la consciencia tanto de día como de noche. Es mediante estas prácticas que somos capaces de transformar los cinco venenos y realizar el mahamudra. Los Seis Yogas son el método y el mahamudra es el resultado.

El Yoga del Bardo

La práctica del yoga del bardo tiene cuatro divisiones: El bardo natural de esta vida, el bardo doloroso del morir, el bardo luminoso de dharmatha, y el bardo kármico del devenir.

"Bardo" simplemente quiere decir "intermedio". El bardo natural de esta vida incluye todo desde el momento del nacimiento hasta el momento de la muerte. Así, esta vida está emparedada entre el nacimiento y la muerte. Según el budismo, la vida misma consiste en una serie de nacimiento, muerte y renacimiento. En este sentido, la emergencia de un pensamiento fresco, una nueva situación en la vida o una nueva experiencia, también representa el nacimiento. Cuando estas se desvanecen en vagos recuerdos o en el inconsciente, esto es la muerte. La reemergencia de una vida similar o experiencias mentales similares representan el renacimiento. Por lo tanto, tenemos que acostumbrarnos a nuestra propia mortalidad en el bardo natural de esta vida. Si tenemos éxito al hacerlo, entonces ya estamos preparados para el bardo doloroso del morir.

El Bardo Doloroso del Morir

El bardo doloroso del morir tiene dos divisiones. Estas son, (1) la disolución de las facultades sensoriales, los órganos de los sentidos, y los elementos externos (Jung wa), y (2) la disolución de los acontecimientos mentales internos (sem Jung). Según el sistema médico tántrico, esta vida se forma inicialmente mediante la reunión de los cinco elementos. Estos mismos elementos sostienen la vida así adquirida. Son también los responsables de producir la muerte. El funcionamiento armoniosos entre los elementos es por lo tanto fundamental para perpetuar la vida. El que los elementos dejen de funcionar juntos, señala la venida del bardo doloroso del morir.

Junto con la disolución de los elementos está la retirada gradual de la energía psicofísica del cuerpo. Como resultado, la persona que está muriendo experimenta dificultades con las funciones corporales normales. Lo primero que se va es la capacidad del cuerpo para digerir la comida. Ya no es capaz de tomar la comida o bebida normales y empieza a respirar con dificultad. Ya no puede mover los miembros a voluntad y pierde el control sobre sus intestinos. La mente se vuelve delirante y confusa.

También incluimos en el inventario de aflicciones y desgracias de la persona que está muriendo la disolución de los cinco elementos. El elemento tierra proporciona al cuerpo su solidez y fuerza. En el momento de la muerte, sin embargo, este elemento se disuelve en el agua, lo que produce una debilidad progresiva del cuerpo. El cuello ya no puede soportar la cabeza, las piernas ya no pueden sostener el cuerpo derecho y demás. Además de estos signos físicos evidente del acercamiento de la muerte, Están los correspondientes signos mentales. La mente se vuelve pesada, opaca y confusa.

Después el elemento agua se disuelve en el elemento fuego. Dado que el elemento agua proporciona al cuerpo sus muy necesarios fluidos, la disolución de este elemento conlleva la lógica sequedad de la boca y la lengua. La lengua también se vuelve rígida. Mentalmente, la persona moribunda se vuelve agitada y ansiosa.

Esto es seguido por la disolución del elemento fuego en el elemento aire. Los signos físicos incluyen el enfriamiento de la boca y la nariz, y el calor del cuerpo se desvanece en este punto. La mente se desliza dentro y fuera de la consciencia y se tiene dificultad para reconocer e identificar cosas.

Este proceso doloroso y gradual de disolución culmina con el elemento aire disolviéndose en la conciencia. El individuo moribundo empieza a respirar irregularmente, con largas exhalaciones y dificultosa inhalaciones. Mentalmente él o ella empiezan a alucinar. La naturaleza de estas alucinaciones es determinada por las experiencias de la vida y por el bagaje kármico personal. Las facultades sensoriales y los mecanismos sensoriales dejan de funcionar, de manera que ya no se es capaz de aprehender objetos sensoriales en absoluto, o en el mejor caso interpretarlos erróneamente.

Cuando los sentidos han dejado de funcionar juntos, la conciencia se disuelve en el elemento espacio; en ese momento la persona moribunda deja de respirar. Se menciona en la literatura sobre la muerte y el momento de morir que, en este momento, un ligero calor permanece en la zona del corazón. También se dice que en ciertas y raras ocasiones la persona moribunda puede haber revivido y volver a la vida. Aparte de estas excepciones inusuales, aquí es donde se traza la línea divisoria entre la vida y la muerte. La conciencia es arrancada del cuerpo por la fuerza del propio karma y el proceso de disolución de los pensamientos burdos y sutiles se hace efectivo. Al comienzo de este desvanecimiento de pensamientos, los seres que mueren perciben las apariencias blanca, roja y negra.

La literatura tántrica explica dos tipos de fuentes de energía vital. Se conocen como la esencia de la vida y residen en dos puntos diferentes. Un tipo de fuente de energía es la esencia de la vida masculina, que se hereda del padre y se localiza en el cortex. La fuente de la energía femenina se hereda de la madre y mora en la región del ombligo. La esencia masculina es blanca y la femenina es roja. En el momento de la muerte, debido al movimiento de la energía psicofísica, la esencia de la energía masculina, que está localizada en la zona de la coronilla, es obligada a moverse hacia abajo por el canal energético central, lo que produce la visión de la apariencia blanca en el moribundo. Se dice que aparece una blancura similar a la luz de la luna. Después, hay un movimiento hacia arriba de la esencia de la vida femenina que reside en la región del ombligo. Esto provoca la apariencia rojiza comparable al matiz de los rayos del sol. Debido a la colisión de estas dos clases de esencia de la vida en el chakra del corazón, la persona moribunda experimenta oscuridad, y ahora está muerta; un ser desencarnado.

El Bardo Luminoso de Dharmatha

La aparición de las luces blanca y roja hace referencia a fenómenos de luminosidad, mientras que la experiencia de la luz clara, en esta coyuntura, en el estado postmortem es conocida como la base o luminosidad última. Estas dos formas de luminosidad están presentes en la mente en la forma de la naturaleza de buda. Ahora que todos los factores contaminados han cesado durante un breve periodo de tiempo, el difunto tiene la oportunidad de reconocer su naturaleza innata. La naturaleza de buda está presente en todo el mundo, así que no podemos deshacernos de ella, Aún así, esto no significa que podamos reconocerla llegado el momento. Por este motivo se llevan a cabo los Seis Yogas.

El cultivo de la visión de la naturaleza de la mente es conocido como "la luminosidad hijo" y la que está presente de manera innata en la mente se conoce como "la luminosidad madre". Si el difunto es capaz de aprehender este precioso momento y realizar que la experiencia luminosa en esta situación es lo mismo que reconocer su propia naturaleza, entonces aquí se libera de la esclavitud del samsara. Fracasar en reconocer la propia naturaleza en este momento le lleva a todas las formas de angustia mental. Visones de seres con apariencia airada, con múltiples cabezas y miembros, hacen su apariencia en el bardo. Sin embargo, no es sólo las apariciones aterradoras lo que atemoriza al desgraciado ser del bardo. El difunto está sujeto además a los más aterradores y horribles sonidos que uno pueda llegar a imaginar.

Tras un periodo de soportar esta agonizante tortura mental, el fallecido está inconscientemente rendido a merced de la enorme intensidad de la experiencia. Todas las manifestaciones previas desaparecen, y se encuentra en un entorno radicalmente diferente donde todo a su alrededor es transparente e impregnado de luz. Esto es un mundo poblado por seres pacíficos, que son regios y van bellamente adornados. A esto le sigue una serie de visiones de espectaculares despliegues de luces de cinco colores.

Hay un punto crucial al que el fallecido debe poner atención en su viaje por el bardo, para no ser engañado por las apariciones del bardo. Debe ver esas apariciones como productos de su propia mente, y por lo tanto, vacíos de cualquier realidad objetiva. La práctica tántrica de la visualización –que incluye tanto deidades de naturaleza pacífica como airada– Se concibe como una herramienta extremadamente útil para familiarizarnos con estas diferentes formas de proyecciones mentales. Si podemos reconocer que las apariciones del bardo son producto de la mente, entonces podremos encontrar la liberación en el mismo bardo. De otro modo renaceremos debido a nuestra no resuelta historia kármica. Después el bardo kármico del devenir toma efecto.

El Bardo Kármico del Devenir

Dónde nacemos y de quién nacemos, y qué clase de características físicas y propensiones mentales tendremos, están en gran medida determinadas por nuestras acciones en la vida previa y nuestras actitudes en el momento de la muerte. Igual que es posible reducir el dolor de morir mediante la práctica espiritual, es posible también reducir el trauma del nacimiento tomando el nacimiento de manera consciente. Este es el modo en se supone que los seres altamente avanzados y realizados renacen.

La Transferencia de la Conciencia

El yoga de la transferencia de la conciencia, (phowa) implica transferir la propia conciencia a un estado más elevado. La idea es que, mediante el adiestramiento, el yogui o yoguini es capaz de lanzar la conciencia por el chakra de la coronilla. Tal practicante es capaz de ejercer el control voluntariamente sobre su sistema de cuerpo y mente.

Espero que esto haya podido aclarar al lector que en el tantrismo uno puede usar una variedad de situaciones y circunstancias para el camino, practicado en términos de estados mentales internos o condiciones externas del entorno, incluyendo nuestros estados mentales engañosos. No hay prácticamente nada que no pueda ser utilizado para promover el propio poder espiritual si se utiliza correctamente y si uno está iniciado en los métodos tántricos adecuados y prácticas. Por supuesto, mi descripción del sendero tántrico y sus prácticas ha sido muy general. Para seguir las prácticas tántricas uno debe recibir la transmisión auténtica de un gurú en quien uno pueda confiar. Según el tantra, sin la adecuada autorización y transmisiones, no es posible para el iniciado prosperar espiritualmente. En otras palabras, este individuo no realizará los métodos adquiridos de un ser iluminado. Siguiendo el acercamiento del sutra uno llega a ser un arhat y un bodhisatva, y siguiendo el sendero tántrico uno puede realizar el estado de un ser tántricamente realizado o mahasiddha.

El Mahamudra y la Naturaleza de la Mente

Ir Más Allá de la Dualidad

El concepto de mahamudra es muy importante en el budismo tibetano, particularmente en la tradición kagyü a la que pertenezco. La palabra significa literalmente "gran sello" o "gran símbolo". Mahamudra se refiere básicamente a la realidad última, a shunyata, o a la vacuidad, pero también hace referencia a la propia naturaleza de la mente. La realidad última, –que es el mahamudra– es omnipresente e indiferenciada, ni sujeto ni objeto. Este concepto no es diferente de la naturaleza de la misma mente.

Desde este punto de vista, la naturaleza de la mente es diferente de la mente a la que nos referimos en un discurso ordinario. Habitualmente, cuando las personas hablan de la mente se refieren a la mente que piensa, que quiere, y que experimenta emociones. Cuando hablamos de la naturaleza de la mente, estamos hablando de algo que va más allá de todo esto. Debido a que la naturaleza de la mente es indiferenciable de la realidad última, –que es la vacuidad– no está relacionada con el proceso de pensar, con el proceso de querer cosas o con el proceso de experimentar las emociones. Va más allá de esto. Por lo tanto, la naturaleza de la mente y la realidad última se conocen como mahamudra. Hay un sentido de no dualidad. Para comprender el mahamudra, necesitamos ubicarnos en el contexto de la tradición budista generalmente.

Desde el punto de vista del budismo, la meta última es el nirvana o la iluminación. El nirvana se logra como resultado de haber purificado la mente, habiendo superado ciertos engaños y oscurecimientos de la mente que afligen la conciencia. Mientras estén presentes engaños como la ira, los celos y toda clase de tendencias egoístas, los seres sintientes, incluyendo a los seres humanos, continuarán experimentando una sensación de insatisfacción, frustración y sufrimiento.

Estos engaños existen, en primer lugar, porque generalmente tenemos un modo muy equivocado de entendernos a nosotros mismos, de entender la naturaleza de lo que consideramos que es nuestro propio yo. Por lo general, tendemos a pensar que el yo es algo inmutable, permanente, y no cambiante. Basados en esta construcción mental, vemos todo desde el punto de vista de un yo muy estable, no cambiante y permanente. Por supuesto, esto puede manifestarse en relación a diferentes ideas religiosas o filosóficas en cuanto a la naturaleza del yo y la noción del alma, pero no tiene porque tener algo que ver con la filosofía o la religión.

Incluso si no creemos en la inmortalidad del alma, casi todos nosotros tenemos la noción de que hay un "yo" que se siente feliz, que se siente triste, que experimenta gozo e infelicidad, y de que hay algo denominado el yo que padece las diferentes experiencias que tenemos. Yo puedo sentirme bien o puedo no sentirme bien. Yo me hago viejo. Está el sentimiento de que hay un "yo" esencial que padece todas esas experiencias. El experimentador que tiene las experiencias es de algún modo más permanente que las experiencias mismas.

Cuando el budismo habla de ausencia de ego o ausencia del yo, no quiere decir que el ego, como tal, no exista en absoluto como algo empírico. Por supuesto que lo hace. Sin embargo, nuestro casi instintivo sentimiento que dice que hay algo llamado ego con una duración permanente es una simple construcción mental; el ego, como cualquier otra cosa, es impermanente. Debemos entender el yo desde el punto de vista del Camino Medio. Un budista, no niega la existencia del ego o del yo. El yo existe a nivel relativo, pero el yo, como una entidad última, como algo que no cambia, como algo permanente, no existe. Esto no significa que la gente no tenga yo o que el yo sea completamente ilusorio.

Creo que algunas personas han interpretado la noción budista de la ausencia de existencia inherente o la ausencia del ego desde ese punto de vista. Un budista podría decir que el yo es un agregado, un "skandha". Tendemos a pensar que el yo es, de algún modo, diferenciable de nuestras memorias, emociones, pensamientos y actitudes. De uno u otro modo, el yo permanece en la distancia, observando cómo pasan esas cosas o soportándolas. Pero los budistas dicen que el yo "es" las memorias, pensamientos, conceptos, emociones y actitudes. Ponlas juntas y tendrás un yo. Y si quitas todo eso –lo que en el budismo hacemos como ejercicio– si nos disociamos completamente de nuestro cuerpo, nuestras memorias, pensamientos, actitudes, pasado y experiencias, ¿qué queda? Nada. Somos alguien o algo precisamente porque tenemos esas cosas. Ellas forman un agregado. Sin ellas, no somos nada. Esto es la vacuidad.

Se ha dicho que el pensamiento occidental habla sobre el ego, mientras que el budismo enseña la no existencia del ego. Pero, incluso en la psicología occidental no se hace referencia alguna al concepto del alma o de cualquier entidad no cambiante. Así pues, hay similitudes aquí. La psicología occidental también habla de construir el ego, mientras que el budismo enseña como desmontarlo. Pero el budismo también habla de construir la confianza en sí mismo y sentimientos de autoestima. El budismo no dice que, a través de la experiencia de la ausencia de existencia inherente del ego, no deberíamos sentir nada, o que tendríamos que sentirnos mal con nosotros mismos. Al contrario, mediante la comprensión de que el yo es impermanente, se puede lograr una apreciación verdadera de él. El yo es, por lo tanto, algo que puede ser transformado en lugar de ser algo estático.

Mientras no tengamos esa comprensión, seguiremos apegándonos a las cosas, agarrados a las cosas, aferrándonos a las cosas, porque esta tendencia que tienen los seres humanos, en relación al aferramiento al yo, nos dirige automáticamente a aferrarnos a las otras cosas, a las cosas externas al yo. Mientras los seres humanos tengan la tendencia a creer en un yo permanente, entonces queremos de manera automática eliminar cualquier cosa que signifique una amenaza para esta noción de un yo, o queremos perseguir esas cosas que creemos que promueven la solidificación de un yo. Estas son las dos tendencias fundamentales que se desarrollan desde la noción del aferramiento al yo: la aversión y el deseo excesivo. Incluso las aversiones son una forma de aferramiento. El aferramiento puede manifestarse incluso bajo el aspecto de aferrarse a la idea de que estamos resentidos con alguien, aferrado a la noción de no poder olvidarlo, de no ser capaz de aceptar ciertas cosas, agarrados a nuestros sentimientos de hostilidad y resentimiento por otras personas. El deseo puede ser tanto positivo como negativo, pero el aferramiento, el apego y el ansia nunca pueden ser positivos. El aferramiento, al menos desde el punto de vista budista, es siempre insano. Pero debemos tener el deseo al menos de poder funcionar como seres humanos. Incluso desde un punto de vista espiritual, a menos que tengamos el deseo de sentarnos en nuestro cojín y meditar, nunca vamos a llegar a ningún sitio. A menos que tengamos el deseo de alcanzar la iluminación o convertirnos en un buda, nunca iremos a ninguna parte. A menos que tengamos deseos nada se puede lograr.

Desde el punto de vista budista, no hay nada básicamente erróneo con tener el deseo de tener una buena familia, querer cuidar de nuestros hijos, de querer tener una buena relación, tener una buena pareja en la vida, un buen trabajo, o incluso desear mantener nuestro trabajo. El problema aparece cuando todos esos deseos se vuelven exagerados. Cuando los deseos son transformados en formas de apego y aferramiento y, al mismo tiempo, se manifiestan como ansia, entonces se vuelven un problema.

Creo que es importante comprender que el budismo no promueve la idea de abandonar los deseos por completo. Lo que propugna el budismo es que todas las formas de ansia, apego y aferramiento, –que son formas exageradas de deseo–, tienen que ser abandonadas porque, en última instancia, producen sufrimiento e infelicidad.

Podemos pensar que el aferramiento y el apego podrían fomentar nuestra felicidad. Tales ideas equivocadas proceden de tener una visión errónea del yo, de pensar que el yo es una entidad permanente, perdurable, en lugar de realizar que el yo –igual que las experiencias de que el yo perdura– es impermanente y cambiante, y por lo tanto efímero. Entonces, si vamos a superar las experiencias de sufrimiento, entonces debemos tener la visión correcta de la naturaleza de la mente, o de la naturaleza del yo, porque mientras estemos aferrados a esta noción errónea sobre el yo, experimentaremos una diversidad de sufrimientos.

Por esta razón, la meditación es tan importante. Mediante la meditación, nos hacemos más conscientes de todo esto. Cuanto más y más conscientes nos hagamos de nuestras tendencias, incluso sin hacer un esfuerzo deliberado por eliminar ciertos hábitos, éstos se desvanecerán de manera natural. De hecho, si tratamos de eliminar con demasiada intensidad ciertos hábitos, se volverán simplemente más sólidos. La consciencia es mucho más importante que hacer demasiado esfuerzo. Si tratamos desesperadamente de ser agradables ¡terminamos no siendo agradables! Nos volvemos más agradables tratando de ser conscientes de no ser desagradables, en lugar de tratar desesperadamente de ser agradables.

Debemos tener una correcta comprensión de la impermanencia. Una apreciación real de la impermanencia surge de realizar la impermanencia del yo. Lo que consideramos como el yo, del que pensamos que es no cambiante e inmutable, está, de hecho, siempre en proceso. Esto podría ser visto como algo bueno. Una transformación real del yo tiene lugar porque el yo no es una clase de entidad inmutable y no cambiante. De otro modo, cualquier tipo de cambio o transformación en el yo sólo sería algo aparente y no real si el yo fuera algo no cambiante y permanente. La razón que necesitamos para lograr un entendimiento correcto de la naturaleza del yo es que precisamente la felicidad real y última viene justamente de eso: de tener una comprensión de la naturaleza del yo, de la naturaleza de la mente, y realizar esa concepción errónea de un yo no cambiante permanente y duradero.

Toda clase de engaños y oscurecimientos en la mente surgen con esta concepción errónea que, a su vez, nos inhibe de experimentar y percibir la realidad. Así pues, desde el principio, el budismo enfatiza la purificación de la mente, lo importante que es erradicar los engaños y oscurecimientos de la mente y lograr un adecuado autoconocimiento, porque este es el único modo en que la felicidad última puede ser alcanzada. El mismo énfasis se hace en las posteriores enseñanzas mahayana y también en las enseñanzas del mahamudra.

He repetido alguna de estas ideas porque las enseñanzas del mahamudra tienen sentido sólo en relación a la comprensión de estas profundas ideas fundamentales del budismo. El budismo dice que hay dos velos: el velo de la confusión conceptual y el velo del conflicto emocional. Nuestro pensamiento y nuestra experiencia de las emociones están íntimamente relacionados; no podemos separarlas. Debido a ciertas ideas erróneas de lo que entendemos que somos, –por ejemplo, la noción de que hay algo llamado yo que es permanente y que perdura– aparecen toda clase de conflictos emocionales. Cuando cambiamos las estructuras conceptuales de la mente, incluso las emociones se transforman.

En occidente, tenemos la noción de que los pensamientos y las emociones son muy diferentes y completamente opuestos unos a otros. Desde un punto de vista budista, esto no es cierto. Lo que creemos y cómo pensamos tiene una influencia directa en las emociones que experimentamos. Básicamente, todas nuestras creencias están ligadas a nuestra noción del yo. Un budista diría que nuestras propias actitudes dogmáticas hacia las cosas o las personas, por ejemplo, hacia las personas que pertenecen a otras religiones o razas, reflejan nuestra propia noción del yo. Las cosas se ven tanto como una amenaza o como algo que podría ayudar a consolidar la noción del yo. Pero una vez que toda esta idea del yo como siendo una entidad perdurable y permanente se ha superado, todas las tendencias engañosas de la mente decaen, tanto a nivel conceptual como emocional.

La naturaleza de la mente no es distinta de nuestra mente pensante como tal, aún así no son idénticas. La ignorancia surge porque no tenemos una comprensión profunda de la naturaleza de la mente. La naturaleza de la mente no es distinta de los pensamientos y emociones que tenemos pero, debido a que no tenemos una comprensión profunda de la naturaleza de los pensamientos y emociones, no tenemos la comprensión profunda de la naturaleza de la mente.

¿Cómo logramos esa comprensión profunda de la naturaleza de la mente? La vigilancia es la clave. Cuando meditamos, no deberíamos pensar: "¿Por qué pienso en estas cosas triviales? ¿Por qué aparecen ciertas emociones? ¿Por qué siguen surgiendo ciertos pensamientos negativos y emociones?" No por juzgarlos como cosas malas o terribles nos vamos a librar de ellas, más bien el acercamiento mahamudra es sencillamente ser conscientes de ellas. Desde el punto de vista del mahamudra, el juzgar ciertas cosas en calidad de malas o terribles es una forma de aferramiento a ellas también. Deberíamos ser simplemente conscientes de lo que surge en meditación.

Se dice que la naturaleza de la mente es completamente indiferenciada y espaciosa, y que es la fuente de la que surgen todas nuestras experiencias. Es no diferenciada en el sentido de que –al igual que nuestros pensamientos y emociones– no existe como una entidad.

A menudo se compara al espacio. El espacio en sí mismo no es una entidad, pero es en base al espacio que aparecen nubes y otros fenómenos. Las nubes tienen características definidas, mientras que el espacio no tiene ninguna. Pero, en primer lugar, el espacio hace posible que las nubes estén allí. A veces la mente y su naturaleza se comparan con las olas en la superficie del océano y las profundidades del océano. Se pueden percibir las olas, las actividades en la superficie del océano, pero no comprender realmente la quietud y la infinitud de las profundidades del océano. Aún así, la naturaleza de las olas y la de las profundidades del océano es la misma cosa; ambas son agua.

De modo similar, nuestros pensamientos y emociones tienen la misma naturaleza como naturaleza de la mente, pero, debido a nuestra ignorancia, no podemos darnos cuenta. Los psicólogos y demás tratan de entender la mente en base a sus características definibles, en cuanto a pensamientos y emociones. Pero hay otro modo de comprender la mente, y es comprender la naturaleza de la mente.

Quizá debiera ponerlo de otro modo. Desde el punto de vista mahayana, hablamos de dos niveles de verdad –el relativo y el absoluto. La verdad absoluta es la vacuidad. Lo que esto significa es que las cosas no tienen una esencia permanente. No hay algo como una sustancia que podamos identificar que sea la esencia de todas las cosas. Por otro lado esto no quiere decir que las cosas no existan. La naturaleza de todas las sillas y mesas que vemos, por ejemplo, es la vacuidad. El problema es que no percibimos la vacuidad de las sillas y las mesas; no comprendemos que carecen de esencia sustancial. Para realizarlo, necesitamos llegar a entender que la vacuidad no existe por encima de todos estos objetos, sino que existe como su misma naturaleza. Es lo mismo con la mente. Comprendemos la naturaleza de la mente comprendiendo la naturaleza de nuestros pensamientos y emociones.

Meditación Mahamudra

Dejar que la Mente Descanse en Su Estado Natural

Las enseñanzas mahamudra provienen de dos corrientes de pensamiento mahayana; uno es el sistema yogachara y el otro las enseñanzas de los shunyavadins, que promueven la idea de que la realidad última es la vacuidad. En la tradición budista decimos que necesitamos eliminar ciertos engaños y oscurecimientos de la mente para realizar la verdad última o realidad última. El modo más eficaz para alcanzar ese objetivo es a través de la práctica de la meditación.

Ya hemos explicado los dos tipos diferentes de meditación budista, shamatha y vipashyana. Convencionalmente, la meditación de la quietud se presenta de modo que sugiere esto mismo. Así como la mente se va enfocando, el meditador puede entrar en diferentes niveles de concentración o absorciones. Así como los pensamientos discursivos decrecen, la mente alcanza diferentes niveles de absorción. Una vez se ha perfeccionado shamatha, si nos implicamos en la meditación analítica vipashyana, los pensamientos ya no hacen surgir confusiones conceptuales, sino experiencias.

Mediante shamatha, enfocando nuestra mente en el objeto externo de la respiración, somos capaces de practicar la atención plena, y con la atención plena aparece la sabiduría. Cuando estás aprendiendo a meditar, si no enfocas la mente en la respiración o alguna clase de objeto físico sino que piensas: "Estaré únicamente consciente de lo que ocurre en mi mente" no funciona. Por esto es importante practicar shamatha, así se consigue la estabilidad. Más tarde, cuando la sabiduría se desarrolla desde esta estabilidad y esta atención plena, el aspecto de claridad de la mente se hace manifiesto.

Se dice que la meditación budista es diferente a otras tradiciones sólo en relación a la práctica de la meditación de la visión. Otras tradiciones también tienen técnicas para calmar la mente, para ayudar a la mente a que esté más enfocada. Pero es a través de la meditación de la visión que comprendemos que no hay tal cosa como un yo duradero o permanente y que no hay una esencia permanente o perdurable en los fenómenos físicos o mentales o en las propiedades físicas o mentales.

El mahamudra también utiliza estas dos técnicas de shamatha y vipashyana, pero no se consideran importantes para ir a través de los diferentes niveles de absorciones y concentraciones. Es suficiente para nosotros tener estabilizada la mente. Incluso si no hemos logrado ningún estado último de concentración, o no nos las hayamos ingeniado para obtener ningún nivel de absorción, no obstante la mente se ha vuelto más estable y menos susceptible a las distracciones. Podemos entonces proseguir con la práctica de la meditación de la visión.

La práctica meditativa de la visión, según el mahamudra es bastante diferente de los acercamientos convencionales. En la tradición mahayana, uno normalmente utiliza el método analítico para comprender la ausencia de esencia en todas las cosas, realizando que todo lo que existe en el reino físico y mental es un producto de causas y condiciones, esto nos lleva a una comprensión intelectual de la vacuidad, que a su vez nos dirige a la experiencia directa de la vacuidad. Pero las enseñanzas mahamudra dicen que, si estamos enfocados en la mente misma y comprendemos su naturaleza, podemos comprender la naturaleza de todo lo demás.

El acercamiento mahayana normal en el sutra utiliza fenómenos externos como objetos de meditación, mientras que en el mahamudra se utiliza la mente misma como objeto de la meditación analítica. Pero, incluso en lo que respecta a la mente, el mahamudra no analiza la mente para comprender que tiene la naturaleza de la vacuidad. Más bien, mediante la contemplación, permitiendo que la mente esté en su estado natural, la mente se revela a sí misma que tiene esa naturaleza. Así que no necesitamos tener una comprensión conceptual del hecho de que la naturaleza de la mente es vacía. Si se deja a la mente que esté en su estado natural y si todos los pensamientos discursivos se apaciguan, la naturaleza de la mente en sí misma se revela como siendo vacía de esencia sustancial.

En un contexto normal, cuando nos implicamos en la práctica de la meditación utilizamos diferentes antídotos para diferentes obstáculos. Según el Mahamudra, no deberíamos estar preocupados con los obstáculos o con el uso de los antídotos para que calmen la mente. Deberíamos tener una percepción de que todos los obstáculos que surgen en la meditación se pueden dividir en dos categorías: hundimiento o adormecimiento, agitación mental.

Con el hundimiento, la mente no se ve alterada por la agitación de los pensamientos discursivos o los conflictos emocionales, sino que no tiene sensación de claridad. Si pierde el brillo, y a veces, por supuesto, esto es seguido por la somnolencia y el adormecimiento. La agitación mental es más fácil de detectar porque nuestra mente ha caído bajo la influencia de los pensamientos discursivos, distracciones, conflictos emocionales y demás.

En lugar de utilizar diferentes antídotos para controlar la mente en estas situaciones, el acercamiento mahamudra recomienda dos métodos: un proceso entre aflojar y tensar. Si la mente se adormece, deberíamos tensarla con la aplicación de la atención plena. Deberíamos regenerar y recargar el sentido de atención plena sobre el objeto de meditación, cualquiera que este sea. Si nuestra mente está agitada, no deberíamos aplicar demasiada atención plena sino que deberíamos aflojar la mente –en un sentido, dejar de lado la atención plena o cualquier cosa que estemos utilizando para hacer que la mente esté más enfocada.

Esto también se aplica a nuestra postura. Si nuestra mente se ha vuelto adormecida, deberíamos estirar nuestra columna vertebral, expandir el pecho y tensar el cuerpo, aunque no de manera demasiado rígida. Si está presente la agitación mental, deberíamos relajar la postura de modo que nos sintamos más sueltos, y enfocar nuestra mente en la parte baja del cuerpo.

La práctica de la atención plena se llama "trenpa" en tibetano. Literalmente quiere decir "rememorar". Antes de que surja la sabiduría en meditación, el meditador tiene que aprender cómo enfocar la mente, lo que se consigue mediante la práctica de la atención plena. Utilizamos un objeto particular para practicar atención plena. Cuando se practica la atención plena durante un periodo de tiempo, la sabiduría surge como producto de la atención plena.

En las enseñanzas mahamudra sobre shamatha, como principiantes, utilizaremos primero algún objeto externo, como un trozo de madera, una piedrecilla o cualquier clase de objeto físico de nuestro campo visual y nos concentramos en eso. Siempre que la mente se distraiga, mediante el uso de la atención plena, recordamos regresar al objeto de meditación. Tras hacer esto durante un tiempo, podemos utilizar nuestra respiración como objeto de meditación. Aplicamos atención plena al entrar y salir del aire al respirar. Para ayudarnos en este proceso, podemos incluso contar las respiraciones, hasta cinco o hasta once, o cualquier otra secuencia que elijamos. Cada par de respiraciones –entrar el aire y salir el aire– se cuenta como una. El conteo ayuda a la mente a estar más enfocada sobre el objeto de meditación, que en este caso es la respiración. Si perdemos la noción de la cuenta, cuando la mente deambula, regresamos al principio y empezamos otra vez.

Cuando hemos sido capaces de hacer esto con cierto

éxito, entonces pasamos a utilizar la mente misma como objeto de meditación. Tratamos de ser conscientes de los pensamientos y emociones mientras surgen, sin etiquetarlos o juzgarlos, sino simplemente observándolos. Mientras sigue esta observación, la atención plena se transforma en sabiduría. Así, si surge la distracción, uno es consciente de esa distracción; si el hundimiento está presente en la mente uno toma conciencia de ello: si la agitación mental está presente, uno toma conciencia de ello. Con la práctica de la meditación de la tranquilidad, la mente se vuelve más estable.

Cuando contemplamos la mente misma y dejamos a la mente estar en su estado natural, entonces además de la estabilidad mental debe haber también un sentido de claridad. No es suficiente con que la mente se haya vuelto estable, también es importante que esté ahí la claridad. En las enseñanzas mahamudra estos aspectos se definen como "ne cha" –el aspecto de la estabilidad– y "sal cha" –el aspecto de claridad. Una mente que es estable pero carece de claridad es deficiente. Tanto la claridad mental como la estabilidad deben estar presentes. Si vamos detrás de esto, entonces incluso cuando los pensamientos y emociones aparezcan, la estabilidad y la claridad de la mente no es alterada.

Mantener la claridad mental tanto si la mente está calmada como agitada es la mejor forma de meditación. Meditación no significa que la propia mente debería estar siempre calmada o libre de pensamientos y emociones. Si hay un sentimiento de estabilidad mental o claridad incluso cuando la mente está en movimiento, este es el objetivo último. Nuestra meta no es erradicar nuestros pensamientos y emociones sino ser capaces de mantener ese sentido de consciencia, tanto en movimiento como en estado de quietud. Las enseñanzas mahamudra utilizan expresiones como "ne gyu rik sum". "Ne" se refiere a la mente cuando es estable, cuando no está agitada; "gyu" es cuando la mente está en movimiento, cuando surgen los pensamientos y emociones;

"rik" quiere decir "conocimiento", ese sentido de claridad mental; "sum" quiere decir "tres". Así, la consciencia está presente tanto si la mente está en un estado de quietud como en un estado de movimiento. No hay diferencia.

Cuando logramos eso, comprendemos la naturaleza de la mente. Mediante la vigilancia, comprendemos que la naturaleza de la mente tiene la característica dual de ser vacía y aún así luminosa. En términos de su vacuidad, la naturaleza de la mente no es diferente de las cosas no mentales como las mesas y las sillas, porque la naturaleza de las mesas y las sillas es la vacuidad y la naturaleza de la mente también es la vacuidad. Pero en términos del aspecto de la claridad, la naturaleza de la mente es diferente de la de las cosas no mentales, porque la naturaleza de la mente no solo es vacía sino que es luminosa al mismo tiempo.

Desde este punto de vista, la naturaleza de la mente se realiza cuando la mente no hace distinción en meditación entre la agitación mental y el estado de quietud. Entonces la mente reposa en su estado natural y los pensamientos y emociones se autoliberan.

También se dice en las enseñanzas del mahamudra que no deberíamos pensar en nuestros pensamientos y emociones –especialmente los negativos– como en algo que debiéramos erradicar. Si somos capaces de realizar la naturaleza de estos pensamientos y emociones, comprendemos la naturaleza de la mente misma. Las enseñanzas comparan la relación entre la naturaleza de la mente y los engaños con un loto floreciendo en el lodo, o con el estiércol usado en un campo. Igual que un loto florece en el lodo y un granjero tiene que utilizar el maloliente y repulsivo estiércol para cultivar un campo, de manera similar la sabiduría no se logra a través de erradicar los engaños y oscurecimientos de la mente sino mediante la realización de su propia naturaleza.

Hay una expresión tibetana: "nyönmong pangwa gong rol na, yeshe gyawe ming yang me". "Nyönmong" quiere decir "los oscurecimientos de la mente". "Pangwa" significa "abandonar". "Gong rol na" quiere decir "más allá". "Yeshe" quiere decir "sabiduría". "Ming yang me" significa "ni siquiera un nombre". Básicamente se traduce como: "Abandonando o erradicando los engaños y las confusiones conceptuales de la mente, uno no puede hablar de sabiduría. La sabiduría no es alcanzada desde la erradicación de los engaños sino desde la comprensión de la naturaleza de los engaños mismos".

Por esto se utiliza en las enseñanzas del mahamudra la expresión "mente ordinaria". Comprender la naturaleza de la mente o naturaleza de buda no implica deshacerse de cualquier cosa que exista en la mente. Viene de realizar la naturaleza de esta misma mente que tenemos: la mente que piensa, desea, se anticipa, y siente. El problema no yace en tener pensamientos, sentimientos y emociones sino en no comprender su naturaleza. Mediante la práctica de la meditación, la mente se vuelve más estable y hay un sentido de claridad mental. Entonces, cuando la mente reposa en sí misma, si la vigilancia se mantiene mientras surgen pensamientos y emociones, dichos pensamientos y emociones revelan la naturaleza de la mente tanto como la mente que está en reposo.

Desde el punto de vista del mahamudra es importante no tratar de forzar la mente para que esté más enfocada. Simplemente deberíamos utilizar los muy amables métodos de tensar y aflojar para que la mente pueda estar en su estado natural. Si tratamos de usar técnicas de concentración, se dice que, de hecho, no se deja a la mente estar en su estado natural. Deberíamos permitir que la mente repose en su estado natural, sin ningún artificio.

"Pang lang dang drelwa" es otra frase usada en las enseñanzas mahamudra. "Pang" quiere decir "abandonar"; "lang" significa "cultivar"; "dang drelwa" quiere decir "libre de": "libre de cualquier pensamiento de cultivar las cualidades mentales positivas o de abandonar los pensamientos negativos y emociones". Nuestra mente debería estar libre de tales preocupaciones. Mientras la mente esté plagada por estas tendencias de querer esquivar o abandonar ciertos aspectos de la mente que encontramos desagradables, y quiera perseguir y cultivar los aspectos más positivos de la mente, la mente no estará en su estado natural y su naturaleza se torna oscurecida por las interferencias.

Por lo que la simple técnica de dejar que la mente sea se debe llevar a cabo mediante el uso de tensar y aflojar el cuerpo y la mente. Incluso estos dos procedimientos no deberíamos aplicarlos con una excesiva premeditación o esfuerzo. Otra expresión en las enseñanzas mahamudra es: "Dejar que la mente esté en su estado natural sin esfuerzo". Esta ausencia de esfuerzo surge de no juzgar, de no pensar que los pensamientos y emociones que surgen han perturbado de algún modo la mente o alterado la meditación; pero realizando que mientras que nuestra mente esté enfocada y haya un sentido de vigilancia, no importa lo que surja en la mente –tanto si la mente está estable y apacible como si está en un estado de movimiento con pensamientos y emociones surgiendo– podemos realizar la naturaleza de la mente.

De esta manera, las enseñanzas mahamudra de la quietud y la visión se practican juntas. La meditación de la quietud se practica inicialmente para estabilizar la mente. Después, gradualmente, cambiando nuestro enfoque en los objetos de meditación, desde los objetos físicos externos o la respiración a la mente misma, se desarrolla el aspecto de la claridad. Cuando nos implicamos en la meditación, estos dos aspectos están presentes: la mente está estable y aún así al mismo tiempo luminosa. La mente está estable cuando los pensamientos y emociones surgen hasta tal punto que la vigilancia no se pierde. La estabilidad de la mente no se juzga en base a si la mente tiene pensamientos o emociones, sino en base a si la vigilancia está presente. Cuando esto ocurre, el tercer aspecto de la naturaleza de la mente –que se denomina gozo– se hace manifiesto.

En última instancia, la naturaleza de la mente tiene tres cualidades. Primero, es vacía. Segundo, incluso aunque es vacía, es luminosa, no así la vacuidad de los objetos o entidades físicas. Tercero, cuando la mente está estabilizada y podemos mantener la consciencia, incluso cuando la mente está ocupada con pensamientos y emociones se experimenta el gozo. Durante la meditación, cuando la estabilidad y la claridad están establecidas, el gozo fluye, porque nuestra mente ya no está perturbada cuando surgen los pensamientos y emociones. Este es el aspecto del gozo. ¡Obviamente esto no significa que estemos "controlados por el gozo"!

Según las enseñanzas del dzogchen o lo que a veces se llama maha ati en sánscrito, la naturaleza de la mente tiene tres aspectos de vacuidad, claridad, y "creatividad". La naturaleza de la mente puede ser vacía y luminosa, pero eso no significa que los pensamientos y emociones dejen de tener cualquier relevancia. Hacer meditación durante un número de años no quiere decir que los pensamientos y emociones dejen de surgir en la mente sino que ya no la alteran, lo que es visto como el aspecto creativo. En el dzogchen se llama "tsal", que significa "creativo" en términos de nuestras experiencias. Todo en la experiencia del samsara y del nirvana surge del aspecto creativo de la mente, en el sentido de que la mente es el productor de toda clase de experiencias, tanto buenas como malas. Como dice Saraha: "La naturaleza de la mente es el rey de todos los creadores, porque todas nuestras experiencias del samsara y del nirvana surgen de ella". Todo es dependiente de la mente; incluso nuestra percepción del mundo físico externo depende de la mente.

La naturaleza de la mente en sí misma se llama mahamudra o "Gran Sello" porque nada existe fuera de ella. Todo está contenido en el propio mahamudra, porque el aspecto de vacuidad es el mismo tanto en los fenómenos físicos como en los mentales. Todo lo abarca.

Los Cuatro Yogas del Mahamudra

Dado que se entiende que el sendero del mahamudra promueve el sendero instantáneo en lugar del sendero gradual, se dice a menudo que al permanecer en el estado natural de la mente, uno realiza el mahamudra en ese instante. Esta clase de afirmación debería ser matizada diciendo que un practicante del mahamudra que ha logrado la comprensión de la mente no ha obtenido necesariamente la comprensión de la budeidad final. El practicante todavía tiene que ocuparse de profundizar esa realización. Como con la mayoría de las cosas de la vida ordinaria debemos comprender la importancia de algo, pero este reconocimiento inicial no es suficiente para sostenernos; Con el desarrollo subsiguiente este reconocimiento inicial tiene que ser cultivado, fomentado y trabajado de manera que se madure a medida que pasa el tiempo. Por esta razón, la tradición mahamudra incluye la noción de los "cuatro yogas": el yoga unipuntualizado, el yoga de la no conceptualidad; el yoga de un solo sabor, y el yoga de la no meditación.

1. El yoga unipuntualizado se logra mediante la práctica de shine o shamatha, la meditación de la quietud. Como todos sabemos, nuestra mente está en un estado de constante agitación –frenética, rápida a juzgar, e impulsiva en cuanto a pensamiento y comportamiento. Mediante esta práctica quedan establecidos estos estados mentales y comportamientos.

Nuestra mente al principio se compara a una catarata; no tenemos control, y así no podemos decidir en qué deberíamos creer o elegir qué emociones vamos a experimentar. Se ven como algo dado, ya presente. Mediante la meditación de la quietud nos volvemos más conscientes de ese estado de ser; con la práctica de la atención plena, nos empezamos a volver más conscientes de nosotros mismos, no solo en términos de nuestras creencias, emociones, actitudes y sentimientos, sino también en lo que respecta a nuestro comportamiento.

Estos estados mentales internos se traducen en nuestros comportamientos físicos externos. Podemos entonces observar qué clase de estados mentales son beneficiosos para nuestro crecimiento y cuáles no lo son; cómo generan miedo, ansiedad, frustración y falta de valor.

Al ser conscientes de tales estados mentales y comportamientos, podemos ejercer un mayor control y no estar a merced de nuestros sentimientos, emociones, pensamientos y actitudes. La mente entonces se vuelve más estable y relajada así como vamos aprendiendo a ser más flexibles, receptivos y, generalmente, menos paranoicos. La mente samsárica es un estado paranoico debido a su característico miedo, ansiedad e inseguridad, siempre preocupada de lo que la gente piensa de nosotros, de si nos comprenden y aprecian adecuadamente y demás.

Esta clase de pensamientos que albergamos pueden llegar a descansar mediante la práctica de la meditación de la quietud. Así la torrencial velocidad de la cascada se reduce a un río serpenteando. Nuestros pensamientos y emociones fluyen más fácilmente ahora y su impacto no es tan grande como lo fue en el pasado. De este modo, aprendemos cómo manejar y expresar nuestros pensamientos y emociones de manera que nuestra meditación se vuelve un medio de autofortalecimiento. Ya no volvemos a ser víctimas de nuestros pensamientos y sentimientos; de hecho, aprendemos cómo trabajar con ellos. Igual que un río que fluye calmado aprendemos cómo fluir con nuestros pensamientos y emociones sin ser arrastrados por la corriente.

Finalmente, con la práctica de shi-ne, se alcanza el estado unipuntualizado, en el que comprendemos que esos pensamientos y emociones surgen y se disuelven de nuevo en nuestro estado de ser natural. Esto es semejante a cómo todos los distintos ríos fluyen de vuelta a un destino común –el océano. Podemos tener nuestra propia idiosincrasia, pensamientos individualistas, emociones y sentimientos, pero todos tienen el mismo origen y de disuelven de nuevo todos en nuestro estado de ser natural. Por lo tanto la paranoica mente samsárica deja de operar o no tiene una influencia duradera.

De este modo, como mencioné antes, en la meditación mahamudra uno no rechaza los pensamientos y sentimientos, sino que se vuelve consciente de ellos y se relaciona con ellos. También, sabiendo esto, los así llamados engaños mentales tienen su origen en nuestro estado de ser natural, saber que se disuelven de nuevo en el estado de ser natural nos permite tener confianza en nosotros mismos de manera que los pensamientos y emociones no tienen poder para alterarnos. Hemos hecho las paces literalmente con nosotros mismos. Así es como se logra el yoga unipuntualizado.

2. El yoga de la no conceptualidad no trata solo de superar las inhibiciones o constricciones relativas a nuestras experiencias en términos de emociones y sentimientos, sino que tiene que ver con cómo pensamos, qué pensamos, qué creemos y en qué creemos. Como se dice en las enseñanzas, la experiencia de emociones y sentimientos nos arroja a nuestra condición samsárica; esto significa que nosotros mismos podemos encontrar la liberación de nuestro autoimpuesto cautiverio. Pero necesitamos ir más allá porque en el contexto del budismo el practicante aprende no sólo a superar las aflicciones emocionales, sino también la confusión conceptual para obtener la omnisciencia.

Según las enseñanzas budistas, incluyendo el mahamudra, como seres humanos (no como miembros de una raza particular, religión o cultura) nos suscribimos a muchas concepciones erróneas. Cualquier ser humano de cualquier lugar tendría la idea de que hay un yo autoexistente e incontrovertible; o podría creer en ideas políticas o religiosas o en sistemas como el eternalismo, una verdad eterna, separada de lo concreto, individual, social, medioambiental o condiciones políticas. Ahora, según estas enseñanzas, nada en lo que creemos o sentimos apasionadamente tiene una realidad intrínseca alguna.

En este nivel del yoga de la no conceptualidad no se nos pide dejar de pensar o no creer en nada; más bien debemos renunciar a nuestras fijaciones respecto a lo que creemos. En occidente podemos creer en ciertas cosas como el feminismo o la democracia, pero como budistas, aunque podemos suscribirnos a ideas que sentimos cercanas y hacia las que tenemos cierta afinidad, en última instancia no debemos ser dogmáticos respecto a ellas. Estos asuntos o ideas son dependientes de factores externos como la cultura, la sociedad, religión o climas políticos de la época.

Por esto, las primeras enseñanzas budistas en sí mismas se definen como una balsa que usamos para cruzar el océano del samsara. La balsa es importante, pero llegar a la otra orilla es incluso más importante. El yoga de la no conceptualidad quiere decir que el practicante aprende cómo estar por encima de los conflictivos sistemas de creencias. A la vez que se es capaz de suscribirse a unos y rechazar otros, uno está incluso por encima de aquellos a los que se ha suscrito. Como budistas creemos en la liberación o budeidad, aún así esta es una creencia de la que aprendemos a estar por encima.

3. El yoga de un solo sabor concierne a la realización de la coexistencia de los eventuales estados mundanos de ser y los estados liberados, impolutos, inmaculados de libertad e iluminación. Habiendo logrado el estado unipuntualizado y realizado la no conceptualidad, el practicante tiene que realizar todavía que él o ella están sujetos a la existencia condicionada. En otras palabras, todavía tenemos que trabajar con el mundo fenoménico. Tenemos que manejar temas sociales, temas personales, políticos, y el desarrollo espiritual en un concreto y manifiestamente material medioambiente. Llegamos a entender que el mundo material que nos rodea

y envuelve no está separado ni es distinto del trascendental mundo de la espiritualidad. La verdad última está presente en cualquier cosa con la que entramos en contacto. Debe subrayarse que lo que realizamos en el yoga de la no conceptualidad no nos lleva a ignorar el mundo o a descartar nuestras experiencias de ese mundo como insignificantes. El mundo empírico y el transcendental tienen la misma naturaleza porque la verdad última está presente en ambos y en todas nuestras experiencias. Es decir, tanto engañado como iluminado, hay un solo sabor, un sabor.

4. El yoga de la no meditación (o el yoga de no más aprendizaje) se refiere al estado iluminado y este yoga es autoexplicativo. Ya no se está en el camino: el viajero ha llegado finalmente a casa, ha alcanzado su destino, y ha realizado la verdad última. Sin embargo, me gustaría señalar que lograr la budeidad y entender la naturaleza última de las cosas no significa que la persona iluminada no necesite formalmente aprender nada, como francés o la filosofía de Kant. Realizar la naturaleza de la realidad y entender las cosas del nivel empírico de la vida cotidiana es muy diferente. Por supuesto, estos dos mundos no están en oposición, como se mencionó en conexión con el yoga de un solo sabor. Sin embargo, es evidente que aquel que ha alcanzado la verdad última no estará automáticamente bien versado en todos los campos de conocimiento. Aún así, "no más aprendizaje" simplemente significa que no hay nada más que aprender sobre la verdadera naturaleza de la existencia.

Finalmente, aunque la tradición mahamudra está siendo presentada como siendo diferente del sutra mahayana y el tantra mahayana, Takpo Tashi Namgyal en el texto "Rayos de Luna", dice claramente que el acercamiento mahamudra puede practicarse independientemente del tantra, sin recibir la autorización e incluso la iniciación. Esta es claramente una práctica única para llevar al practicante a la realización última. Es cierto que uno se implica en la práctica tántrica para realizar el mahamudra; sin embargo, el mahamudra no utiliza las prácticas de la deidad, visualización o recitación de mantras. La orientación de las prácticas mahamudra yace en tratar de realizar la propia naturaleza verdadera. En este sentido, Takpo Tashi Namgyal y otros dejan muy claro que el mahamudra puede practicarse y cultivarse separadamente del tantra mahayana.

Al mismo tiempo, tiene que señalarse que el Mahamudra es a menudo abordado junto con las prácticas del sutra y el tantra Mahayana. Takpo Tashi Namgyal también dice que, aunque el sistema Mahamudra en sí mismo pertenece al así llamado acercamiento instantáneo a la iluminación, no obstante, incluso en este mismo sistema, es gradual, y esto se entiende en relación a los cuatro yogas del Mahamudra. El sistema de los cuatro yogas puede entenderse en relación a los cinco senderos y a los diez niveles del bodhisatva, como se ha descrito con anterioridad. Por ejemplo, el sendero de acumulación y el sendero de aplicación del sistema del sutra corresponden al yoga unipuntualizado. El yoga de la no conceptualidad se corresponde con el sendero de la visión. El yoga de un solo sabor se corresponde con el sendero de la meditación del sistema del sutra. El yoga de la no meditación corresponde a la novena y decima etapa del bodhisatva, o el sendero de no más aprendizaje que culmina en el onceavo bhumi o etapa, que es equivalente al logro de la budeidad.

Para concluir, podemos ver la naturaleza integrada de todo el espectro de la filosofía y práctica budista, incluso a pesar de esta variedad y diferencia en términos de visión y práctica. Creo que es importante apreciar el sentido subyacente de unidad, y no pensar que una escuela particular del budismo, o un grupo de prácticas es contradictoria con otro. Las visualizaciones tántricas de deidades son formas de meditaciones normales, lo que se deja muy claro en los textos budistas. Enfocarse en la visualización de deidades es parte de la meditación shamatha; visualizarse como deidad, como siendo una entidad transparente y no sustancial es un aspecto de la meditación vipashyana. Lo que los textos budistas indican claramente, pero que algunas personas no entienden, es que es importante ver cómo una forma de budismo se ha desarrollado de la otra, en lugar de pensar que hubo grandes revoluciones que tuvieron lugar a lo largo de su historia.

www.ingramcontent.com/pod-product-compliance
Ingram Content Group UK Ltd.
Pitfield, Milton Keynes, MK11 3LW, UK
UKHW021704190726
13853UKWH00001B/417